AF505470

PETER KIM

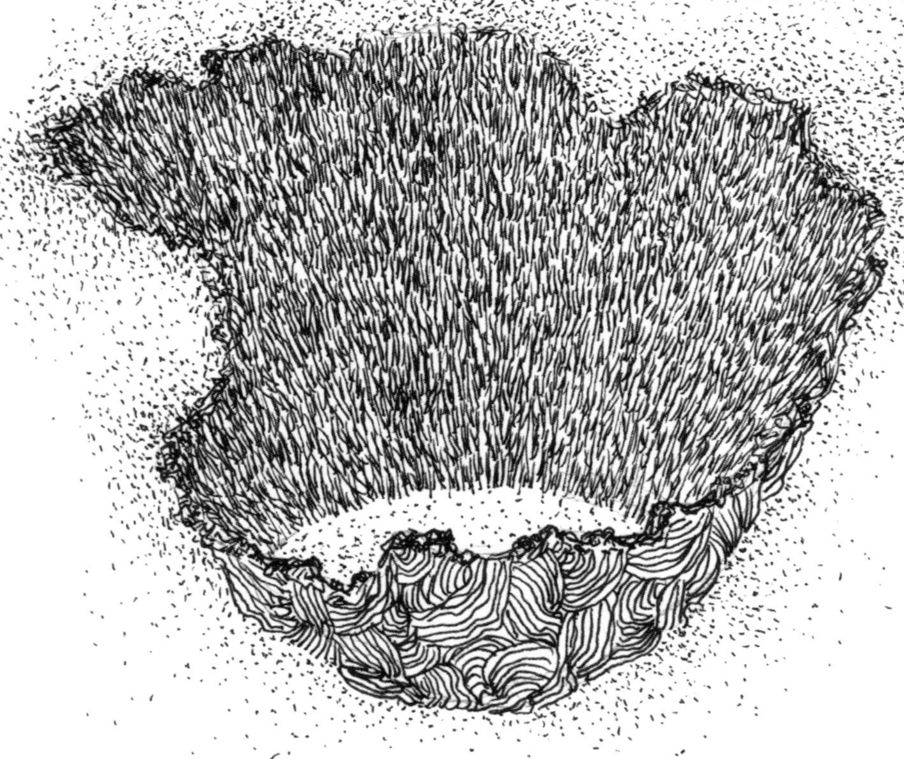

PETER KIM

VISUAL MANTRA

A CURA DI / EDITED BY
MARIA GIOVANNA MUSSO

SilvanaEditoriale

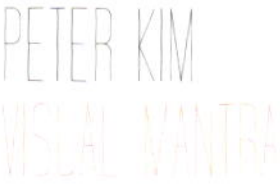

PETER KIM

Galleria San Ludovico, Parma, IT
Dal 22 giugno al 25 Luglio 2016
22 June to 25 July 2016

Con il patrocinio del / Under the patronage of
Comune di Parma/ the Municipality of Parma

Curatrice / Curator
Maria Giovanna Musso

Coordinamento della mostra / Exhibition coordination and set up
Elena Saccardi (Galleria Loppis OpenLab)
De Berg

PR e relazioni con le Istituzioni / PR and Institutional Relations
Camilla Mineo (Associazione Culturale 360° Creativity Events)

Assistente / Assistant
Daria Pratesi

Grafica / Graphic Design
Filippo Cavalli (Spazio Entropia)

Ufficio stampa / Press Office
Sonia Dametto

Volume / Publication

Autori / Authors
Maria Giovanna Musso
Rye Dag Holmboe

Traduttori / Translators
Valeria Beltrani
Inlingua Metro New York

Fotografi / Photographers
Enrico Turillazzi
Brian Buckley

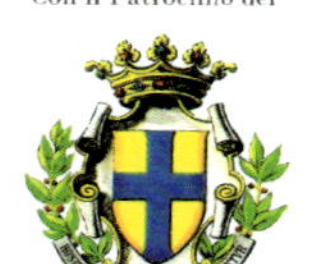

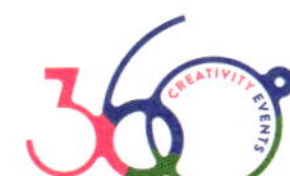

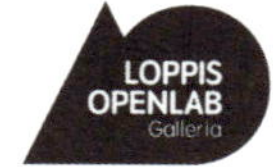

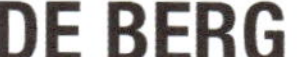

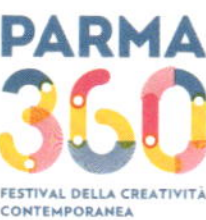

SOMMARIO
CONTENTS

VISUAL MANTRA

MARIA GIOVANNA MUSSO

a linea, il tempo, l'origine e la memoria: ecco gli elementi cardine dell'opera di Peter Kim, attento a reperire il senso del reale nelle collisioni fra lo spazio e la forma, fra il nulla e la materia, e a rivelarne l'essenza nei contorni di figure senza tempo.

Kim è un artista che predilige i tempi lunghi della domanda e sceglie la linea come codice espressivo per dare corpo alla finitezza del reale. Giocando sul rapporto fra lo sfondo e la figura sembra voglia riconfigurare un equilibrio fra i pieni e i vuoti della forma, come se volesse ricomporre un ordine che possa far combaciare gli scarti fra il tempo e la memoria.

Nella sua opera la linea ripetuta è usata come un mantra visivo, una preghiera composta da piccoli segni intrecciati fra loro, quasi a volere estrarre dal groviglio inestricabile dei fili una misura universale. Il disegno è il frutto di un gesto reiterato che incide nello spazio e costruisce una ragnatela a cui annettere il reale. Come la goccia che scava la pietra, o come un suono che si espande in gorghi, le linee si infittiscono fino a coprire il vuoto, recingendolo e dandogli i contorni da cui la figura emerge.

Le immagini che sgorgano dalla ripetizione del gesto sulla tela sembrano il sedimento iconico di un tempo immemore, di un tempo senza storia, ciò che resta di una memoria antica: forme sospese nel vuoto, vasi fluttuanti nel vasto mare della dimenticanza, vascelli alla deriva che alludono a una ricerca inesauribile di senso.

Le linee "fatte con un pennello sottile sono la mia vita", dice in un'intervista. Spesso sono impastate di colore, imbevute di sedimenti emotivi e percorse da

The line, time, the origins, and memory: these are the core elements of Kim's work, focused on retrieving the sense of reality in the collisions between space and form, between nothingness and matter, detecting their essence in the outlines of timeless figures.

Peter Kim is an artist who seems to like extended time, who chooses the line as the expressive code to give form to the finiteness of reality. His playing with the relationship between the background and the figure appears to reveal his wish to reconfigure a balance between the solidity and hollowness of form in recomposing an order capable of bridging the gap between time and memory.

In his work, the repetition of lines is used as a visual mantra, a prayer composed of small interlinked signs, almost wanting to extract a universal measure from the inextricable tangle of lines. The drawing arises from a repeated gesture that acts upon space and builds a spider web on which to annex reality. Like the drop that furrows the stone, or like a sound that expands in grooves, the lines thicken until they cover up the hollow, confining and outlining it until a figure emerges. The images that take shape from the repetitive gesture are thus the sediment for a time immemorial, a time without history, the remains of an ancient memory: forms suspended in the air, vases fluctuating in the vast sea of oblivion, vessels adrift alluding to an inexhaustible search of sense.

The lines "drawn with a thin brush are my life," he said in an interview. Often, they are kneaded with colour, imbued with sediments of emotions and shaken by traces of life suspended between what was and what is starting to be.

Like the wrinkles of memory, the small curved lines are the materialisation of

tracce di vita. Come rughe della memoria, le piccole linee curve sono la materializzazione segnica e cromatica di un percorso interiore. Sono l'eredità di un tempo che, con le sue mille crepe e i suoi ghirigori d'inquietudine, riemerge alla memoria e traccia il suo destino. Le forme prodotte dai grumi delle linee hanno, al tempo stesso, un valore onirico e una presenza plastica, come creature sospese fra l'oblio e la persistenza.

Attraverso un gesto reiterato, sempre uguale a sé stesso – quasi in una sorta di meditazione – l'artista sembra infondere un piccolo slancio a quelle metamorfosi che sgorgano vitali da un silenzio immoto, mentre la materia si addensa a ispessire il corpo delle cose. Attraverso piccole curve e brusche virate, in un ordine sinuoso e ripetitivo, a tratti imponente, a tratti lieve, le pennellate sottili s'infittiscono a ottenere delicati rilievi, dando spessore all'immagine e contorni alla figura. Il carattere tridimensionale della tela acquista vigore da questi ispessimenti e da un certo virtuosismo ritmico con cui Kim dispone la materia pittorica sulla tela.

Per la mostra alla Galleria San Ludovico di Parma, ho scelto le opere di Kim dedicate al tema archetipico del vaso, insieme ad alcune opere più materiche, matasse informi di fili colorati. Queste diverse opere compongono, nello spazio suggestivo della chiesa sconsacrata, un universo di senso che contiene il respiro del tempo, immerse come sono in un silenzio ancestrale, quasi mistico.

Contenitori leggendari, concrezioni di sogno, i vasi di Kim sembrano vascelli fluttuanti nell'oceano del tempo, messaggeri di storia, recipienti d'infinito. Sono ciò che resta di una memoria antica, il sedimento di un conflitto perenne fra ordine e caos, di una tensione tra la forma che dà i contorni al mondo e l'informe che lo assedia.

I vasi di varia foggia, colore e misura – varianti di uno stesso calco, ispirate da uno stesso archetipo – sono un elemento ricorrente nell'opera di Peter Kim. L'immagine del vaso proposta in queste opere condensa il contatto fra il presente e la memoria, segna il punto di confluenza fra la modernità e il senso della tradizione. La peculiarità del vaso, come *topos,* consiste nell'essere non solo una forma a-temporale, ma anche nel suo farsi strumento di recupero e di salvaguardia di un tempo senza tempo, di una *durata* che precede la storia, che coincide con quel momento lungo e silenzioso in cui la vita ha preso forma ma che non può essere inserito nelle partizioni ordinate che oggi diamo per scontate.

Il terreno di ricerca che porta alla creazione artistica di Kim va trovato non tanto nella casualità e nelle contingenze del presente ma in quelle traiettorie impervie della storia a cui si cerca, anche senza saperlo, di dare un senso, approntando rimedi e cercando soluzioni che contengano, almeno idealmente, una promessa di guarigione. La sorgente poetica della sua opera va reperita nella materia sfrangiata di una memoria antica che tende a ricomporsi in un filo narrativo, alla ricerca di un guscio identitario, di un riparo dentro una forma che possa accogliere ciò che di più prezioso vi è nell'umano.

Vascelli alla ricerca di un altrove o, come egli stesso dice, "contenitori con

the signs and colours drawn during an introspective journey. They are the legacy of a time that, with its thousand cracks and restless doodles, re-emerges from memory and traces its destiny. The forms produced by the knots of lines are, at the same time, a dreamlike and plastic presence, like creatures suspended between persistence and oblivion.

Through a reiterated and unchanging gesture – almost a meditation – the artist appears to give a small momentum to the metamorphoses that spring vital from a motionless silence while matter gathers to thicken the body of things. Through small curves and abrupt twists and turns, in a sinuous and repetitive order, at times imposing, at times light, the thin strokes thicken until they lift in delicate reliefs, giving depth to the image and to the outline of the figure. The three-dimensional nature of the canvas acquires strength from these thicknesses and from the rhythmic virtuosity with which Kim lays out the paint on the canvas.

For the exhibition at the Galleria San Ludovico of Parma I chose the works that Kim dedicated to the archetype of the vase, along with some more tactile works: shapeless bundles of coloured threads. These different woks compose, in the suggestive space of a deconsecrated church, a universe of sense containing the breath of time, immersed as they are in an ancestral, almost mystic silence.

Kim's vases – mythical containers, the concretion of dreams – look like vessels fluctuating in the ocean of time, messengers of history, containers of infinity. They are what remains of an ancient memory, the deposit of a perennial conflict between order and chaos, a tension between the shape that outlines the world and the shapelessness that besieges it.

The vases of various shapes, colours and sizes – variations of a single mould, inspired by the same archetype – are a recurring element in Peter Kim's work. The image of the vase proposed in these works condenses the contact between the present and memory, marking the point of confluence between modernity and the sense of tradition. The peculiarity marking the vase as a *topos* lies in its not only being an atemporal form, but also the instrument whereby to recover and safeguard a timeless time, a duration that precedes history, that coincides with the long and silent moment in which life takes shape but that cannot be included in the orderly divisions that we now take for granted.

The field of research that leads to Kim's artistic creation must not be found in the causality and contingency of the present as much as in the impervious itineraries of history in which we unknowingly try to find some sense, preparing remedies and finding solutions that ideally promise to be healing. The poetic source of his work must be found in the frayed matter of an age-old memory that tends to recompose itself into a narrative thread pursuing an identifying shell, a shelter within a form, that might be able to contain the most precious aspects of being human.

Vessels in search of another place or, as Kim himself defines them, "fractured containers," marked with the wounds of time, but that offer themselves as

fratture", i vasi di Peter Kim sono segnati dalle ferite del tempo, ma si offrono anche come riparo e consolazione. Somigliano a rudimentali culle celesti, pronte a ospitare la gioia dell'attesa, nidi in cui si prepara lo spazio per una nuova nascita. Fanno pensare ai cesti fiabeschi lasciati andare al flusso della corrente, lungo il fiume della storia, a trasportare eroi bambini, creature mitiche destinate a fondare città gloriose o a restituire dignità ad un popolo.

Il vaso, com'è noto, è una figura diffusissima nell'iconografia di tutti i tempi. É al tempo stesso contenitore di cultura e oggetto di uso comune che attraversa la quotidianità dell'utile e il dominio della storia. Le anfore di terracotta sono state (e sono ancora) un veicolo di trasmissione d'arte e di cultura. Grazie alla loro foggia e al loro stile è possibile risalire alle epoche e alle correnti artistiche della loro produzione.

Sebbene il vaso sia un oggetto dai molteplici significati e funzioni, esso diventa, nell'opera di Kim, figura che non ha nulla dell'*oggetto* e tantomeno della *cosa* (*res*). I vasi di Peter Kim non assumono mai lo statuto di un oggetto, non più di quanto lo abbiano le mele di Cézanne. Sono forme sospese nel vuoto, immagini che vagano nel mare del tempo, presenze oniriche che alludono a un'erranza, a una *quête*, a un'inesauribile ricerca di senso. Vano sarebbe dunque interrogarsi sullo statuto *oggettuale* e sulla *funzione* di tali forme. L'immagine che emerge nel gioco della trama e dell'ordito con cui la materia si ricompone sulla tela, pur dando luogo a una figurazione, rimane, infatti, di natura astratta, puro *eidos* che interroga il lato spirituale della *cosa*, indifferente agli usi reificati con cui l'oggetto si rapporta alla realtà del mondo. Ed è per questo che, malgrado lo sguardo dell'osservatore avvezzo alle mostre di arte contemporanea, sia ormai *désabusé,* finisce con l'accorgersi che i vasi di Peter Kim hanno un'*aura*, appartengono a quella categoria di oggetti che, come diceva Cézanne, si compenetrano col mondo e "non cessano mai di esistere, mentre impercettibilmente diffondono intorno a sé i loro intimi riflessi".

C'è silenzio, e vuoto, pace ed eternità intorno ai vasi di Peter Kim. Osservandoli viene da pensare al modo in cui Morandi trattava la materia e la figura, trasfigurando l'oggetto in una forma mistica e rendendolo, grazie all'uso del colore e della luce, non più *cosa* ma pura *forma* intessuta di tempo e di silenzio. I vasi di Peter Kim sono recipienti di memoria, forme della simultaneità a-cronologica, creazioni del mistero da cui emanano quegli *intimi riflessi* che evocano l'archetipo, il mondo dell'origine, un tempo che fu e forse è già perduto.

Queste forme, simboli del porgere, metafore del trascorrere e del fluttuare incerto, emergono, come dice lo stesso Kim, da un tempo che "da molto è già passato". Sono entità astratte, presenze che hanno assunto il ruolo di immagini archetipiche, riconcilianti e utopiche, eterne e universali, come i sogni dell'umanità. E, al tempo stesso, sono figure del presente, che chiamano l'osservatore a riconoscere l'urgenza di un bisogno attuale, di una riconciliazione spirituale, in cui il ricordo di quanto è già esistito si raccordi al senso del presente e a quello del possibile, in una sorta di armonica utopia che promette guarigione.

shelter and solace. They look like rudimental celestial cribs, ready to host the joy of expectancy, nests making room for a new birth. They remind us of fairy-tale baskets abandoned to the flow of the current, along the river of history, carrying baby heroes, mythical creatures destined to found glorious cities or restore dignity to people.

The vase, as everybody knows, is a very widespread figure in the iconography of all times. It is at the same time the container of culture and an every-day object that drifts from daily utility to the dominion of history. Clay amphorae were (and continue to be) a medium to transmit art and history. Through their shapes and styles it is still possible to trace the epoch and artistic styles in which they were produced.

Although vases are objects with a multitude of meanings and functions, in Kim's work they become figures that have nothing to do with *objects* and even less so with *things (res)*. Peter Kim's vases never assume the status of an object, no more than Cézanne's apples. They are shapes suspended in mid-air, images that wander in the ocean of time, dreamlike presences that allude to an erring, a quest, an inexhaustible search of sense. It would therefore be futile to explore the status of the *object* or the *function* of these shapes. The image that emerges from the interplay of the weft and the pattern with which matter reconfigures on the canvas, although representing a depiction, remains abstract in nature, a pure *eidos* calling into play the spiritual side of the *thing*, regardless of the reified uses with which the object relates to the real world. And this is why, despite the disillusionment of the observer accustomed to seeing contemporary art exhibitions, he ends up realising that Peter Kim's vases possess an aura and belong to that category of objects that, as Cézanne used to say, blend into the world and "never cease to exist, while they imperceptibly diffuse around them their intimate reflections."

There is silence, emptiness, peace and eternity around Peter Kim's vases. On observing them, you can picture the way in which Morandi treated matter and figures, transforming the object into a mystic form and, through colour and light, rendered it no longer a *thing* but pure *form* interwoven with time and silence. Vases, for Peter Kim, are containers of memories without being *objects*, they are forms of achronological simultaneity, creations of the mystery that emanates those archetypical *intimate reflections*, the world at the origins, a time bygone and perhaps already lost.

These forms, the symbol of offerings, metaphor of the uncertain and fluctuating lapsing of time, emerge from a time "long passed," as Kim defines it. They are abstract entities, presences that have assumed the role of archetypical images, conciliating and utopian eternal and universal, like the dreams of all humankind. And, at the same time, they are figures of the present, which call on the observer to acknowledge the urgency of a current necessity, of a spiritual reconciliation, in which the memory of what once existed is in line with the sense of the present and of the feasible, in a sort of harmonious utopia promising to be healing.

Il colore nell'opera di Kim è, generalmente, l'espressione gioiosa di un'intensa adesione alla materia della vita. In alcune opere di piccolo formato, che provengono dalla sua prima produzione, c'è una letizia che emerge dal gioco dei colori, una nota festiva che trova la sua unica ragione nell'incanto dell'esistenza, nel puro gesto di creazione, nel senso di connessione che esso produce. Nella fase più recente del suo percorso artistico, Peter Kim ricorre invece, a tratti, alla monocromia. Questa è, com'è noto, una scelta estetica che nasce in genere dall'azzeramento dei riferimenti di base, dal bisogno di fare tabula rasa per favorire un mutamento radicale.

L'arte del Novecento è puntellata dalla rinuncia al gioco dei colori e dalla drastica riduzione del colore a un solo registro cromatico. Talvolta la monocromia è da intendersi come rivolta contro la tradizione, talvolta come veemente trionfo della sensibilità assoluta contro l'oggetto, (è il caso di Malević), altre volte è una scelta puramente concettuale o funge da riparo in un orizzonte di purezza mistica (è il caso di Yves Klein o di Mark Rothko). Il monocromo è però sempre in relazione a una crisi, a una cesura temporale. È una rottura che segna la separazione fra un prima e un dopo. E questo è anche il carattere che assume nel percorso artistico di Kim, quando il gesto pittorico si traduce in una sospensione acromatica che inonda la tela e la sospinge in uno spazio ancora più sobrio e contemplativo.

Nascono da momenti di rottura i lavori in cui Kim ha abbandonato la gioia del colore, ricorrendo alla bicromia dei toni neutri oppure al monocromo *tout-court*. Ma anche laddove ha asfaltato drasticamente la tela, ricoprendo di bianco o di nero l'intera superficie del dipinto, in realtà non si tratta quasi mai di una monocromia pura. Spesso, infatti, il quadro tradisce le increspature delle forme, che sembrano agglutinate o silenziate, sommerse sotto un velo di pece o di bianca esaltazione, rifugiate in un momentaneo desiderio di oblio, senza però che la pulsione vitale della forma si rassegni alla propria estinzione. In alcuni grandi monocromi s'intuiscono, infatti, le linee del disegno sottostante, le increspature del mondo sommerso sotto il non colore del bianco o del nero. Come se, anche lì, non fosse possibile cancellare le tracce di ciò che è stato, di un mondo che traspare con i suoi rilievi, sempre animato da una vita propria. Come se le memorie, anche nell'atto della cancellazione, continuassero ad anelare ancora ad una vita, a premere, a resistere, a pulsare sottotraccia.

Il tempo è, nell'opera di Kim, una presenza essenziale, tangibile, concreta. Ma non si tratta di un tempo ordinario, cronologico, bensì di un tempo atavico, immemore, di un tempo le cui stratificazioni non hanno a che vedere con la cronologia a noi più familiare.

Spesso Kim, nelle sue dichiarazioni, si riferisce a un tempo che "è passato già da molto", una sorta di *passato assoluto*, secondo la bella formula di Michail Bachtin. Lo stesso artista, nel corso di un'intervista, si definisce "un vascello perduto nel tempo da lungo trascorso". Come se vi fosse in ogni vita, sia essa individuale o collettiva, una fase inenarrabile, un tempo sotterrato, per così dire, nei fondali

Color, in Kim's work, is generally the joyful expression of a dense amalgam with the matter of life. In some of his smaller works from his early productions, joy emerges from the interplay of colors, a festive note that finds its only reason in the fascination of existence, in the simple act of creation, in the sense of connection that it produces. Instead, in the more recent phase of his artistic production, Peter Kim at times discontinuously resorts to monochrome. This, as is well known, is an aesthetic choice that usually arises from annulling basic points of reference, from the need to blank the slate in order to favour radical change. 20th Century art is underpinned by abandoning the interplay of colors and by the drastic reduction of color to a single register of color. At times the choice of monochrome is to be understood as a rebellion against tradition, at other times as the overwhelming triumph of absolute sensitivity over the object (as in Malevič), and at yet other times it is a purely conceptual choice or acts as a haven in a horizon of pure mysticism (as in Yves Klein or Mark Rothko). However, monochromy is always connected to a crisis, a temporal rupture. It is a break that marks the separation between before and after. And this is also the characteristic that it assumes in Kim's artistic creation, where the stroke translates into a sober achromatic suspension that floods the canvas, pushing it into an even graver and more contemplative space.

Kim's works arise from moments of rupture in which he abandons the joyfulness of color, falling back on neutral-hued duotones or simple monochromes. But also when he drastically paves the whole surface of the canvas with white or black, it is almost never a pure monochrome. The painting often betrays the relief of the forms, which appear agglutinated or silenced, submerged by a thin layer of tar or white exaltation, taking shelter in a fleeting desire of oblivion, without however allowing the vital thrust of the form to surrender to its own extinction. In fact, in some of his larger monochrome paintings it is possible to see the hint of the underlying drawing, the relief of the world submerged by the non-color of white or black. In this case too, it is as if it were impossible to eliminate the traces of what once was, of a world looming with its reliefs, always animated by a life source of its own. As if memories, even while being deleted, continued to yearn for life, pressuring, resisting and pulsating beneath the surface. Time, in Kim's work, is an essential, tangible and concrete presence. But it is not an ordinary, chronological time but an atavistic, oblivious time in which the stratifications have nothing to do with chronology as we know it.

In his statements, Kim often refers to a time "now long past," a sort of *absolute past* as in the beautiful formula by Michail Bachtin. The artist, in an interview, defines himself as "a vessel lost in a time long past." As if, in every life, individual or collective, there were an unspeakable phase, a buried time, so to speak, at the bottom of memory; a very long and silent moment that almost entirely escapes the markings of identity. knowledge and history.

Thus, Kim's works come from a sort of archaeology of memory and, in a sublimated synthesis, tell us that not all historic time belongs to us, or perhaps that

della memoria, un momento lunghissimo e silente che quasi del tutto si sottrae alla tessitura identitaria, alla coscienza e alla storia.

Le opere di Kim provengono, perciò, da una sorta di archeologia della memoria e, in sintesi sublimata, ci dicono che non tutto il tempo della storia ci appartiene, o che forse noi apparteniamo a esso più di quanto non siamo pronti a riconoscere. Poiché c'è un tempo che *precede* l'inizio del tempo e non si può più raccontare, un tempo senza il quale noi non saremmo ciò che siamo, ma di cui non abbiamo più memoria. Da quella proto-storia dove alberga l'indicibile, e di cui restano solo ammassi cumuliformi, segni vaghi e ombre, tracce indelebili trasformate in sogni, l'artista attinge non solo le forme e i presagi ma anche il movimento lento e incessante di un trascorrere che non è regolato da *Chronos* ma che si configura piuttosto come *Aion*, il tempo dell'eternità che per gli antichi greci implicava un andamento immemore, appunto, senza inizio e senza fine.

Il carattere essenziale del tratto, l'uso della linea, la ricorrenza di forme archetipiche come appunto il vaso, permettono di situare il suo lavoro in quella scia plurimillenaria che dall'arte primitiva porta all'arte contemporanea. C'è, infatti, un filo che collega i graffiti di Lascaux all'arte contemporanea, un filo diretto e sotterraneo che non si è mai spezzato nel corso dei millenni, e che fornisce anche all'opera di Kim il suo alimento iconico e il respiro temporale.

La pittura di Kim è in senso stretto una pittura connessa con l'*origine*. Più che attenta alla contingenza essa è rivolta a scandagliare le pieghe della memoria e i tracciati del sogno. E qui risiedono i motivi di fondo dell'accostamento fra l'opera di Kim e l'arte primitiva o arte aborigena, includendo in questa categoria tanto l'espressione artistica che ritroviamo nella pittura degli aborigeni in senso stretto, quanto quella che si ritrova nei disegni dei bambini e dell'Art Brut. Aborigeno, infatti, letteralmente significa *ab-origine*, cioè che viene dall'origine e che si perde nella notte dei tempi. L'attributo aborigeno, per via del referente inteso come popolo, è una qualificazione che si adatta a una specifica espressione artistica geograficamente e storicamente collocata. Ma può valere anche per ogni manifestazione culturale e artistica che si muova in un orizzonte temporale sganciato dai riferimenti cronologici ristretti che la moderna concezione del tempo ha introdotto, e a cui il nostro *brainframe* ha dovuto adattarsi nell'ultimo millennio.

L'accostamento fra il lavoro di Peter Kim e le opere dell'Art Brut o degli aborigeni australiani, già suggerito da altri critici[1], ha delle ragioni più profonde che non quelle legate alla semplice ricorrenza di motivi "semplici" – come il vaso o il volto – o agli aspetti tecnici – cioè l'uso del punto e della linea. Le ragioni di tale accostamento emergono, cioè, in senso più ampio, dalla relazione di necessità che sussiste tra l'impianto tecnico (l'uso del tratto elementare della linea curva) e il senso dell'insieme (la sostanza poetica dell'ispirazione), unitamente al suo respiro temporale che è a-cronologico e rivolto alle profondità del tempo.

Un elemento di raccordo fra l'opera di Kim e quella aborigena, è certamente la semplicità del segno. Ma la scelta del segno equivale

1 Cfr. in particolare Vine, 2016, e Bergesi, 2016.

we belong to it more than we are ready to admit. Because there is a time that *precedes* the beginning of time and that cannot be told, a time without which we would not be who we are, but of which we have no remembrance. From that protohistory, which harbors the unspeakable and of which only cumuliform heaps remain, vague signs and shadows, indelible traces transformed into dreams, the artist draws forms and omens. But he also draws the slow but incessant passing of a time that is not governed by *Chronos* but is configured as *Aion*, the eternal time that, for ancient Greeks, implied an amnesiac pace, with no beginning and no end.

The essential nature of his stroke, his use of the line, the recurrence of archetypical forms precisely like the vase, situate his work along the multi-millennial trail that leads from primitive art to contemporary art. There is in fact a thread that connects the graffiti of Lascaux to contemporary art, a direct subterranean thread that has never broken throughout the millennia and which also conveys to Kim's work its iconic dimension and its time span.

Strictly speaking, Kim's painting is connected to the *origin*. More than focusing on the contingency, it aims to scan the folds of memory and the trail of dreams. And here is where lies the groundwork for the connection between Kim's work and primitive or aboriginal art, including in this category both the artistic expression found in aboriginal painting and the one found in children's drawings and in *Art Brut*. In fact, aboriginal literally means *ab-original*, meaning thereby what comes from the origin and is lost in time immemorial. The attribute aboriginal, through the referent which means population, is a qualifier that describes a specific geographically and historically located artistic expression. But it can also apply to any cultural or artistic manifestation taking place in a timeframe that is detached from the restricted chronological references introduced by the modern conception of time, to which our *brainframe* has had to adapt during the last millennium.

The juxtaposition between Peter Kim's work and the creations of Art Brut or of Australian aboriginals, which has already been suggested by other critics[1], has deeper lying reasons than the ones linked to the straightforward recurrence of "simple" themes – like a vase or a face – or the use of technical elements, namely the dot or the line. Indeed, the broader reasons for this juxtaposition emerge from the relationship of necessity that exists between the technical approach (the use of the elementary stroke with a curved line), and the sense of whole (the poetic essence of inspiration), together with its time span, achronological and directed towards the depths of time.

The link between Kim's and aboriginal art is unarguably the simplicity of the sign. But the choice of the sign also implies choosing sides, in terms of aesthetics and culture, going beyond the predilection for a technique and bringing to the surface the *ab-original* connotation of the stroke and of inspiration. As is widely known, the use of lines and dots is point zero in artistic expression. Similarly to certain aboriginal art works, the

1 See, in particular, Vine, 2016 and Bergesi, 2016.

anche a una scelta di campo, sul piano estetico e culturale, che va oltre la predilezione tecnica e fa emergere il connotato *ab-origeno* del tratto e dell'ispirazione. L'uso della linea e del punto, come si sa, costituisce il grado zero dell'espressione artistica. Similmente a certe opere aborigene le figure che popolano il mondo di Peter Kim si compongono in un ammasso di linee addensate sul supporto. Esse sono astratte e concrete al tempo stesso, e ci ricordano che l'arte è sempre astratta, anche quando ricorre alla figura. Le opere di Kim, diversamente da molte opere aborigene in cui permane l'indifferenziazione fra soggetto e oggetto, tra figura e sfondo, sono composte da figure che si stagliano su uno sfondo. E, ciò che più conta, anch'esse provengono dal grande pozzo del tempo, e attingono la loro energia da forze primordiali contenute nella notte immensa dell'origine, quella di cui non abbiamo più il ricordo ma solo l'intuizione, e di cui l'arte è un tramite, un canale inconsapevole e potente.

La linea, insieme al punto, è il tratto più elementare di cui si serve il gesto creatore per portare nel regno del visibile ciò che visibile non è. Essa contiene, già da sola, anche nel suo più elementare sviluppo, una grande potenza espressiva. Lo sottolineava Paul Klee, che diceva ai suoi studenti del *Bauhaus*: "Prendete una linea e portatela a fare una passeggiata". La linea grafica, inoltre, determinata per contrasto con la superficie, ha anche, fin da subito un carattere non soltanto visivo, ma *spirituale* e *metafisico* (Kandinsky, 1989; Benjamin, 2012).

La sua forza espressiva è testimoniata non solo dall'arte primitiva, ma anche dall'essere stata, più volte nella storia, la posta in gioco di un dissidio ricorrente: quello che ha visto contrapporsi le diverse correnti artistiche in base alla loro propensione curvilinea oppure rettilinea (Torselli, 2007).

Nell'opera di Kim la linea curva, ripetuta, fornisce il ritmo e la sostanza alla forma che produce. Essa serve a creare una composizione semplice, ritmica, melodica, secondo l'espressione di Kandinsky (1989). Rivela un approccio che si ricollega alle radici orientali della sua formazione e lo discosta dallo spirito trionfante dell'arte occidentale. Quest'ultima ha, infatti, avuto un rapporto controverso e travagliato con la linea curva, arrivando a contenere e marginalizzare, persino a ripudiare, nei limiti del possibile, ciò che la linea curva generalmente evoca, cioè la generatività inesauribile della natura e della vita stessa[2].

Mentre l'arte orientale è stata ed è, tradizionalmente, il più naturale terreno di applicazione della linea curva, il razionalismo occidentale ha mostrato, soprattutto dal Rinascimento in poi, una predilezione esplicita per la *linea retta* (grafica o geometrica). La vocazione estetica dell'Occidente, infatti, ha fatto della linea retta il *topos* privilegiato di quella concezione lineare del tempo, divenuta prevalente con l'idea di progresso, che implica una visione del mondo proiettata nel futuro, sganciata dalla tradizione e dalle radici biologiche della vita.

2 Lo stretto legame che c'è fra elemento vitale, organico e la linea curva, è stato più volte rilevato, in particolare nel corso dell'Ottocento e del primo Novecento Felix Bracquemond, incisore e ceramista francese che in *Du dessin et de la couleur* (1885) scrive: "Ciò che nella vita è gesto, movimento, espressione di carattere, manifestazione di esseri viventi e disposizione di oggetti, nell'opera d'arte diventa linea". E van de Velde (1898) sottolinea come il movimento interno alla cosa vivente fa della linea "una forza attiva come tutte le forze elementari". Nello stesso periodo Walter Crane (*Line & Form*, 1914) attribuisce alla linea una forza evocatrice e un'importanza assoluta nella realizzazione dell'opera d'arte, in cui il disegnatore può scegliere quale connotazione dare all'opera servendosi di linee di ogni tipo: (cfr. Vilma Torselli, *La linea curva*, Artonweb, 10/4/2007).

figures that populate Peter Kim's world configure a mass of lines heaped on the support. They are abstract and concrete at the same time and remind us that art is always abstract, also when it resorts to the use of figures. Unlike many aboriginal art works, in which there is no differentiation between subject and object, between the figure and the background, Kim's works depict figures that stand out against the background. And, what is more important, they too come from the great well of time and draw their energy from the primordial forces of the immensity of the night of the origins, of which we have no remembrance but can only sense, and of which art is a medium, an unwitting and potent channel. The line, together with the dot, is the basic stroke used in the creative gesture to bring in the realm of the visible what visible is not. Even in its most elementary development, it contains in and of itself a great force of expression. Paul Klee highlighted this aspect to his *Bauhaus* students when he said: "Drawing is taking a line for a walk." Moreover, the graphic line, which is determined through the contrast with the surface, immediately takes on an aspect that is not only visual but *spiritual and metaphysical* (Kandinsky, 1989; Benjamin, 2012). Its force of expression is not only testified by primitive art but also by its having repeatedly been, in history, the stakes in a recurring dispute: the juxtaposition of different schools of art on the basis of their predilection for curved or straight lines (Torselli, 2007).

In Kim's work, the curved, reiterated line gives rhythm and substance to the form that it produces. It is used to create a simple, rhythmic, melodic composition, to put it in the words of Kandinsky (1989). It reveals an approach that can be traced back to the oriental roots in his training, differentiating it from the triumphal spirit of Western art, which has had a controversial and troubled relationship with the curved line and what the curved line generally evokes, namely the inexhaustible generative capacity of nature and of life itself[2].

While oriental art was and traditionally is the most natural context in which to use curved lines, Western rationalism has shown, especially from the Renaissance on, an explicit predilection for the *straight line* (graphic or geometric). The West's aesthetic vocation has turned the straight line into the privileged *topos* of the linear conception of time which became prevalent with the idea of progress, as it implies a vision of the world projected into the future, detached from tradition and the biological roots of life. Despite this, the curved line has played a decisive role in Western art although, on different occasions, it was relegated to a marginal role and had to bear, at a certain point, being punished as a sort of "ornament" (Loos, 1908), associated as it was with a decorative element considered to be the symptom of superficiality and originating from the peripheral languages of art, subordinate,

2 The tight relationship that exists between the living, organic element and the curved line has been repeatedly highlighted, especially during the 19th and early 20th centuries, by Felix Bracquemond, French engraver and ceramist who, in his *Du dessin et de la couleur* (1885) wrote: "What in life is gesture, movement, expression of character, the manifestation of living beings and the display of objects, becomes a line in the work of art." And van de Velde (1898) described how movement inherent to the living thing turns the line "into an active force like all elementary forces". In the same period, Walter Crane, in *Line & Form* (1914) attributes to the line an evocative force and utter importance in the realization of a work of art, in which the drawer can choose what connotation to convey to the work by using all types of lines (see Vilma Torselli, *La linea curva*, Artonweb, 10/4/2007).

Malgrado ciò, la linea curva ha svolto un ruolo decisivo anche nell'arte occidentale, sebbene sia stata a più riprese relegata in una posizione marginale, e abbia dovuto subire, a un certo punto, una sorta di punizione "ornamentale" (Loos, 1908), associata all'elemento decorativo – ritenuto sintomo di superficialità e proveniente dai linguaggi periferici dell'arte, subalterni, esotici e femminili (Soulillou, 1990). Essa è stata riabilitata in pieno solo con il Barocco e poi – sempre gravata dal suo corredo ornamentale – nell'Art Nouveau, che ha fatto della linea ondulata e serpentina il veicolo di un simbolismo leggero seppur dotato di una sua complessità. Semplificando, si può dire che la linea curva costituisce un *topos* fondativo e ricorrente nell'arte orientale, mentre è stata legittimata nell'arte occidentale solo in alcune fasi, in corrispondenza di una ricerca volta al carattere essenziale, organico e originario, della creazione artistica.

Nell'opera di Kim, sia nei dipinti che hanno il vaso come tema sia negli ammassi di fili colorati, la linea curva riacquisisce la sua funzione originaria: è segno che allude a una materia organica di cui è al tempo stesso margine e riempimento. Oltre a definire le relazioni fra le cose e a tracciarne i contorni, la linea è usata qui come *micro-codice* di accesso a una realtà invisibile e del tutto atemporale. La sua ripetizione assume un connotato quasi *religioso*, nel senso proprio del termine, che viene da *religare*, e vuol dire unire, connettere, collegare. Così, la linea dipanata è chiamata a seguire *religiosamente* il respiro della forma, connettendo e separando al tempo stesso lo sfondo e la figura, e lasciandone intuire l'origine comune.

Anche per questa via la ricerca di Peter Kim si inserisce, a giusto titolo, nello spazio della riflessività con cui l'arte attualmente osserva ed esprime le trasformazioni epocali del nostro tempo. La linea, in Kim, è anche il tracciato di un'ossessione che si fa riparo, in una consapevolezza tutta moderna, contemporanea, della fragilità umana confrontata alla potenza tecnica e alla grande partita che si gioca oggi sul destino dell'umanità. Come se, mediante la ripetizione e la sobrietà gestuale che reitera lo stesso tratto, fosse possibile addomesticare il caos, rappacificare il mondo, redimerlo dalla sua inclinazione alla velocità iperbolica e all'abuso tecnico.

RIFERIMENTI BIBLIOGRAFICI

W. Benjamin, *Pittura e grafica*, in *Aura e Choc*, Torino, Einaudi – ed. or. *Malerei und Graphic* (1917), in *Gesammelte Schriften*, 7 voll., 1974-89, II/2, 2012, pp. 602-603.
O. Bergesi, Peter Kim, *Entretien avec Olivier Bergesi*, in Peter Kim, *Afloat*, MAMAC, Nice (catalogo mostra, 26 febbraio - 24 aprile 2016), 2016.
W. Kandinsky, *Lo spirituale nell'arte*, Milano, Bompiani (*The Spiritual in Art*, Salomon and Guggenheim Foundation, New York, 1946), 1989.
A. Loos, *Ornament und Verbrechen*, Vien; *Ornament and Crime: Selected essays* (1997), Ariadne Press, CA, 1908.
J. Soulillou, *Le Décoratif*, Collection d'esthétique 5, Paris 1990.
G. Stolz, *Peter Kim's Vessels*, in *Afloat*, MAMAC, Nice (catalogo mostra, 26 febbraio - 24 aprile 2016), 2016.
V. Torselli, *La linea curva*, "Artonweb," 10 aprile 2007.
R. Vine, *Peter Kim*, Lyon Artbooks, Brooklyn, 2016.

exotic and feminine (Soulillou, 1990). It was only fully rehabilitated during the Baroque period and then – still weighed down by its ornamental heritage – in the Art Nouveau, which turned wavy and coiling lines into the vehicle of a lofty but complex symbolism. To simplify, we can say that the curved line constitutes the founding and recurring *topos* of Oriental art, while it was legitimised in Western art only in some periods, concomitantly with the pursuit of the essential, organic and original character of artistic creation.

In Kim's work, both in the paintings whose theme is the vase, as in the masses of colored threads, the curved line reacquires its original function: it is the sign that alludes to an organic matter of which it is both the outline and the filling. In addition to defining the relationship between things and to outlining their shape, the line is here used as a *micro code* through which to access an invisible and atemporal reality. Its reiteration assumes an almost *religious* connotation, in the proper sense of the word, which derives from the Latin *religare*, which means unite, connect, link. Thus, the unravelled line is called upon to *religiously* follow the breathing form, simultaneously connecting and separating the background and the figure, leaving only an intuition of their common origin.

Also in this sense, Peter Kim's research rightly delves into the realm of reflexivity from which art now observes and expresses the epochal transformations of our time. In Kim's work, the line also traces the roadmap of an obsession that becomes a haven in the all-modern, contemporary awareness of human frailty compared to the power of technology and of the big match that is now being played over the destiny of Humankind. It is as if, through the repetition and the sobriety of gesture reiterating the same stroke, it were possible to tame chaos, pacify the world and redeem it from its inclination for hyperbolic speed and the abuse of technology.

BIBLIOGRAPHICAL REFERENCES

Benjamin, W. (2012), *Pittura e grafica*, in *Aura e Choc*, Turin, Einaudi – ed. or. *Malerei und Graphic* (1917), in *Gesammelte Schriften*, 7 vols, 1974–89, II/2, pp. 602–603.
Bergesi O. (2016), Peter Kim, *Entretien avec Olivier Bergesi*, in Peter Kim, *Afloat*, MAMAC, Nice (exhibition catalogue, 26 February – 24 April 2016).
Kandinsky W. (1989), *Lo spirituale nell'arte*, Milan, Bompiani (*The Spiritual in Art*, Salomon and Guggenheim Foundation, New York, 1946).
Loos. A. (1908), *Ornament und Verbrechen*, Vien; *Ornament and Crime: Selected essays* (1997), Ariadne Press, CA
Soulillou J. (1990), *Le Décoratif, Collection d'esthétique* 5, Paris.
Stolz G. (2016), *Peter Kim's Vessels*, in *Afloat*, MAMAC, Nice (exhibition catalogue, 26 February – 24 April 2016).
Torselli V. (2007), *La linea curva*, Artonweb, 10/4/2007.
Vine R. (2016) *Peter Kim* Lyonartbooks, Brooklyn.

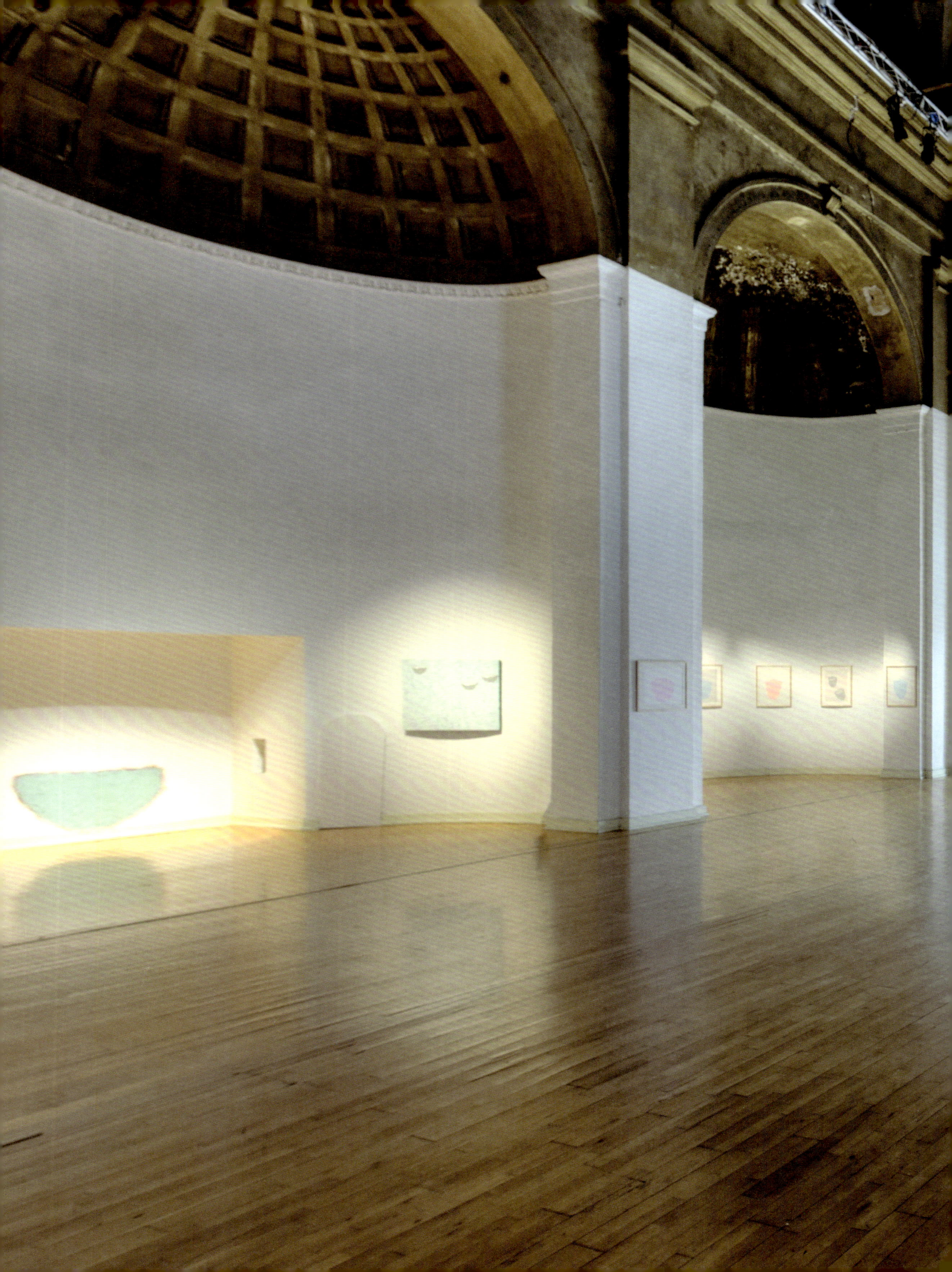

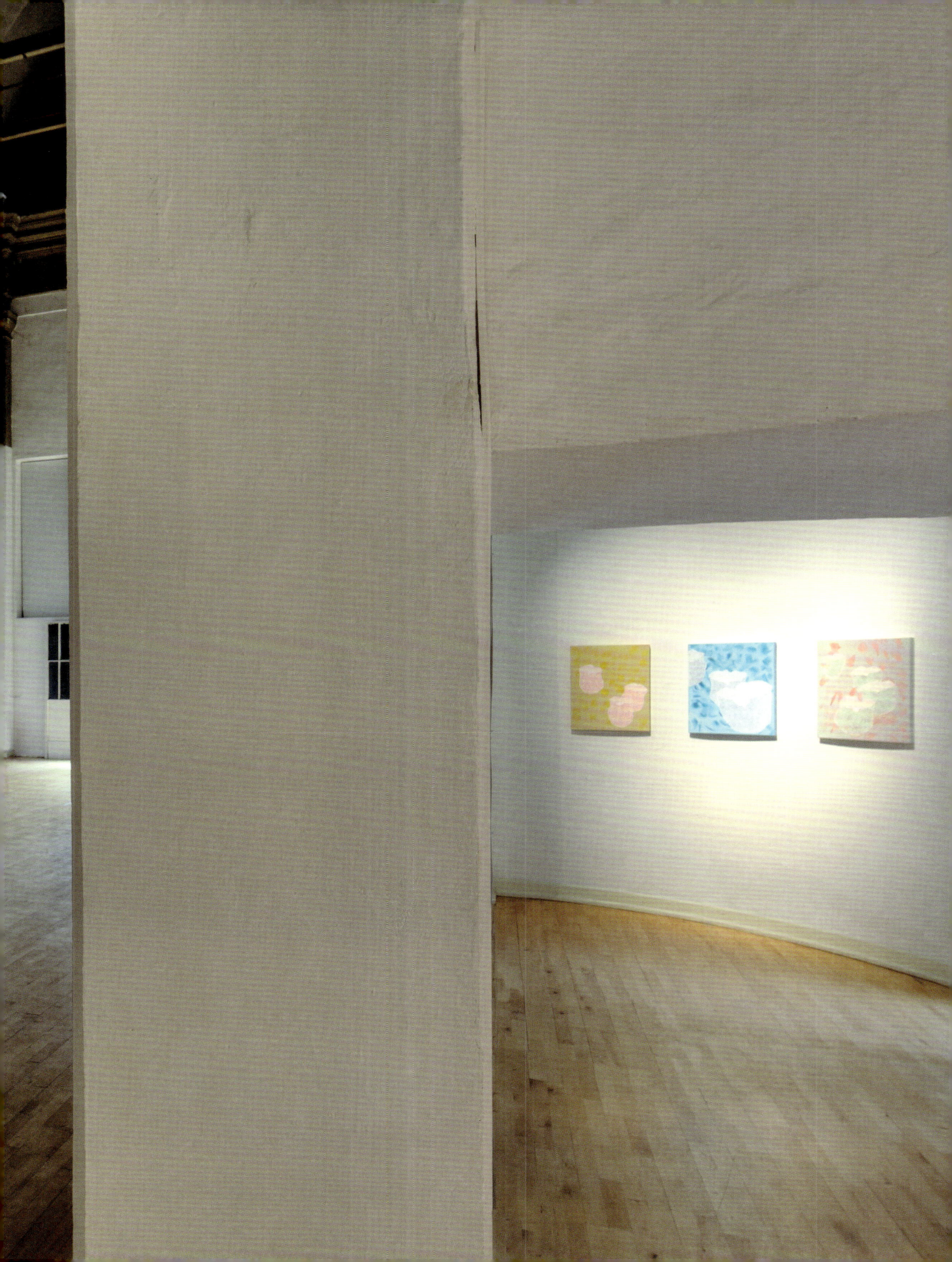

UNTITLED
2005
tecnica mista
mixed media
65 × 108 cm
25 ½ × 42 ½ in

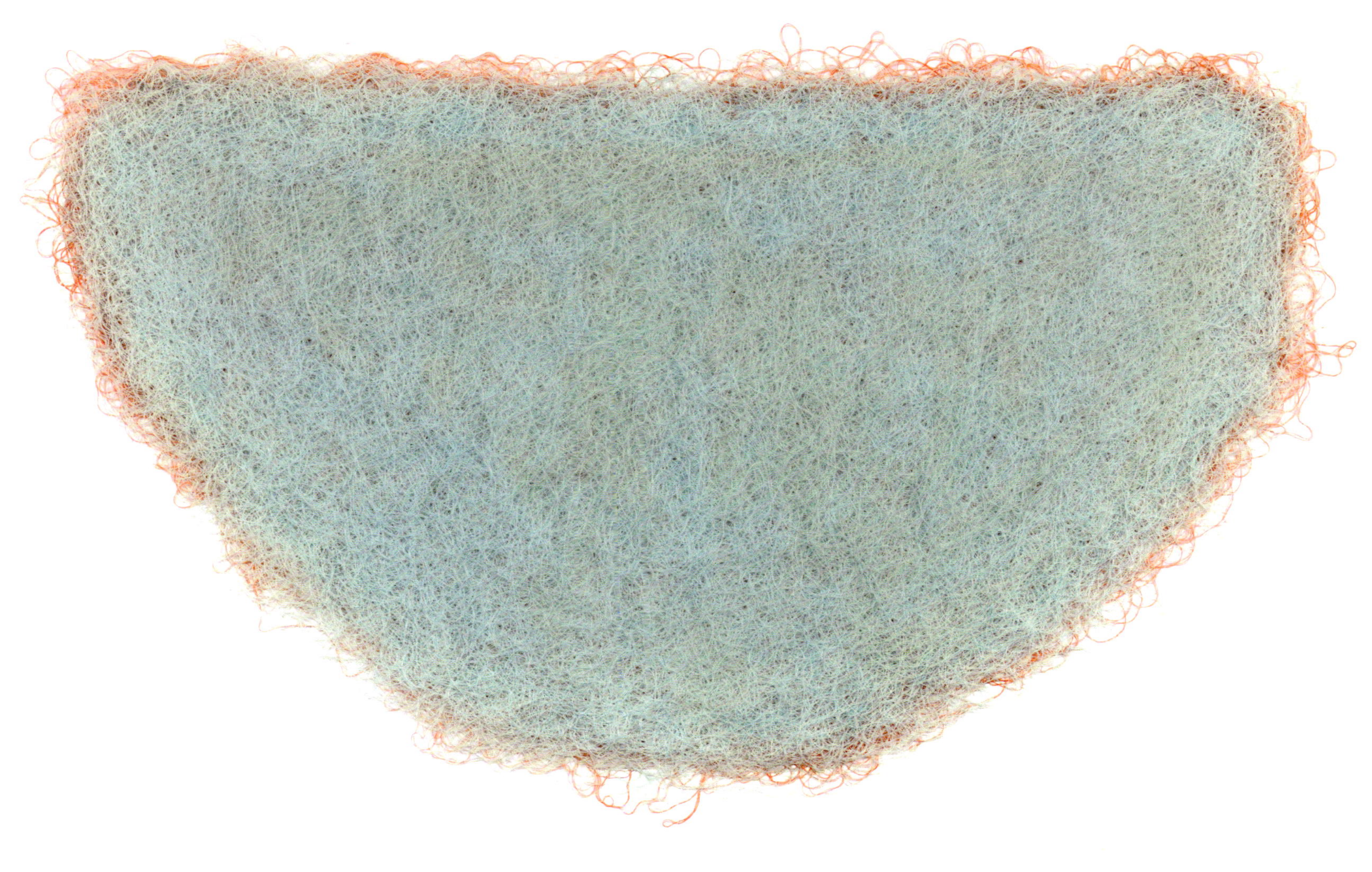

UNTITLED
2005
tecnica mista
mixed media
55 × 83 cm
32 ¾ × 21 ½ in

UNTITLED
2006
tecnica mista
mixed media
61 × 81 cm
24 × 32 in

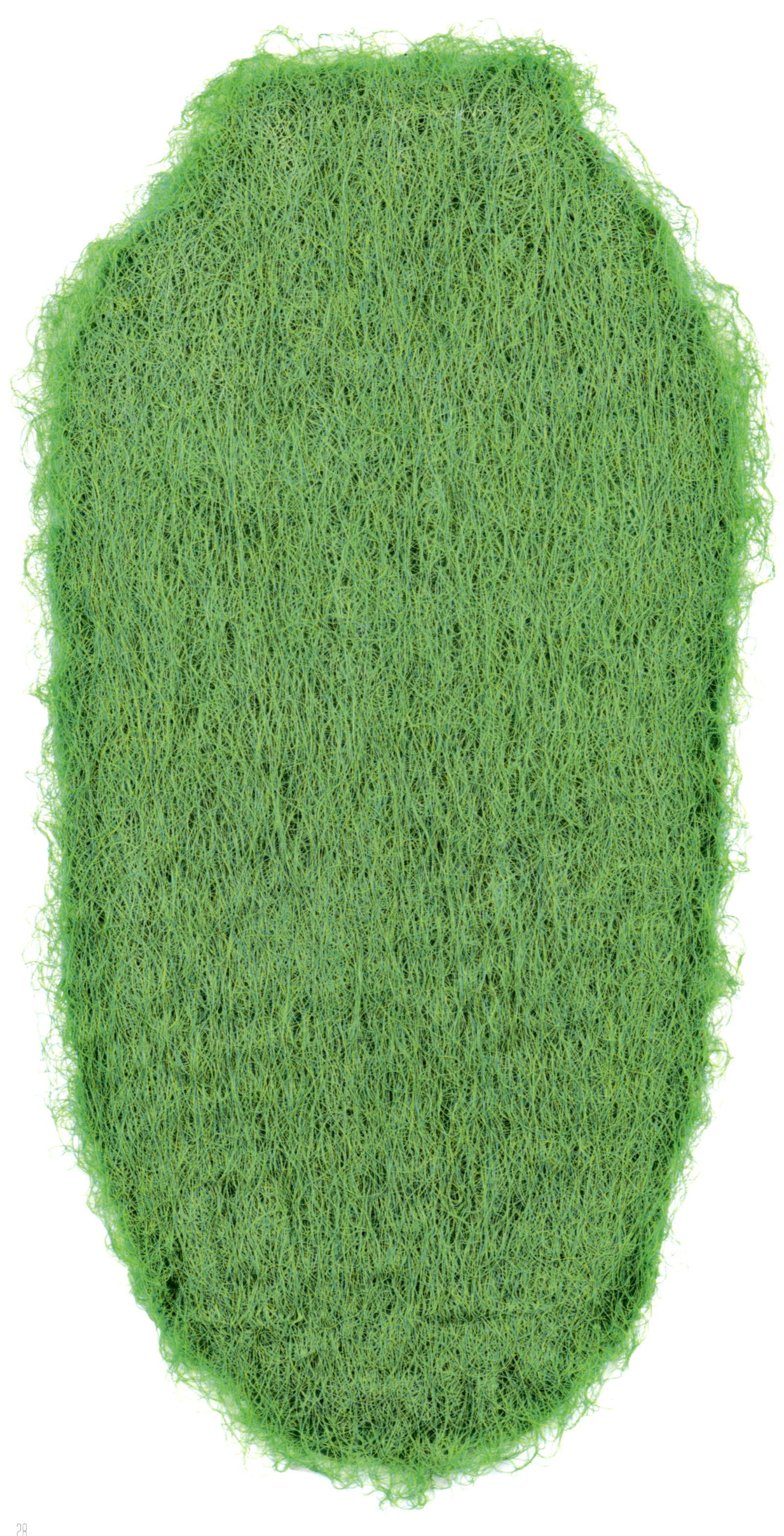

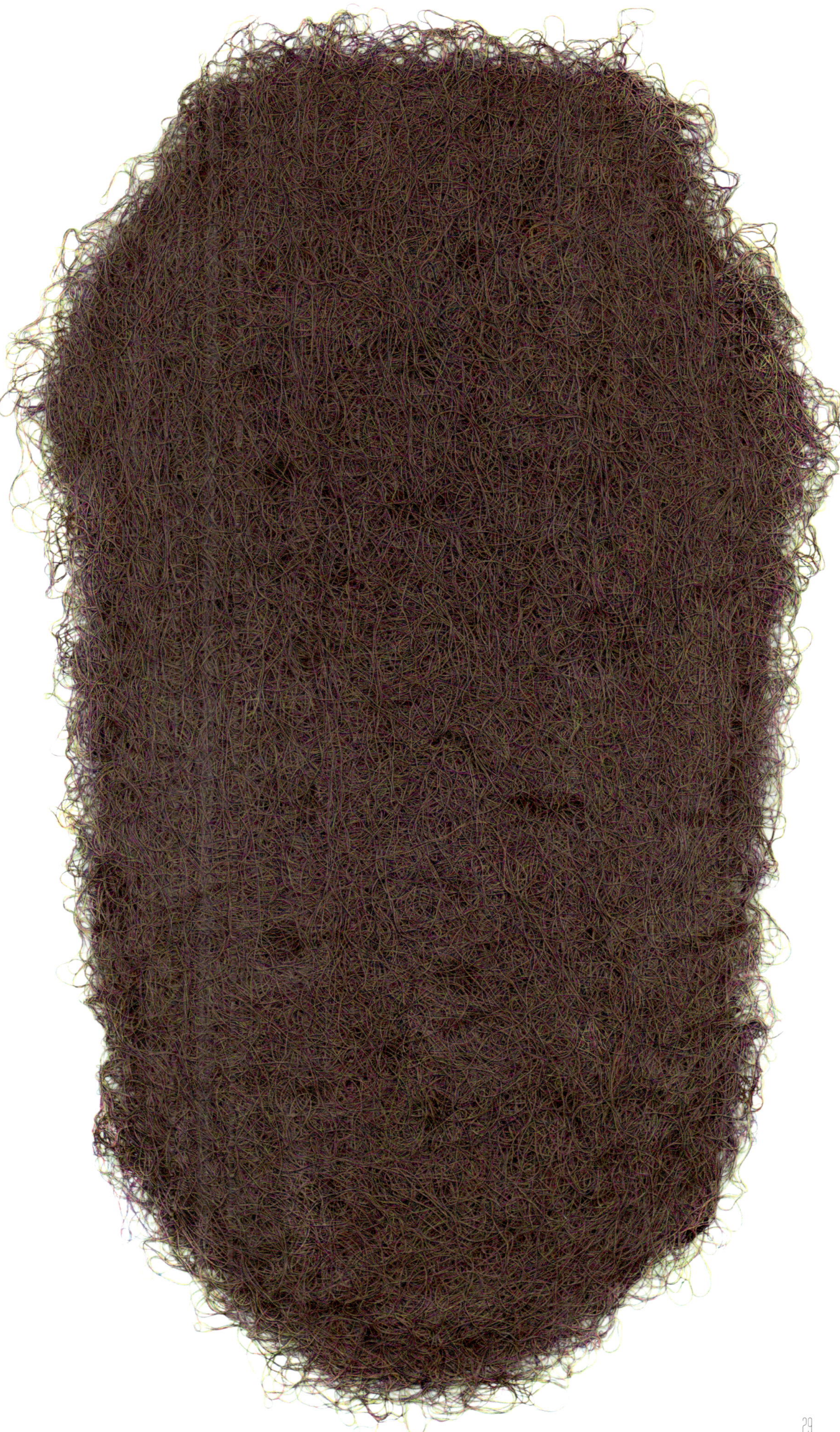

UNTITLED
2005
tecnica mista
mixed media
141 × 84 cm ognuno / each
55 ½ × 33 in ognuno / each

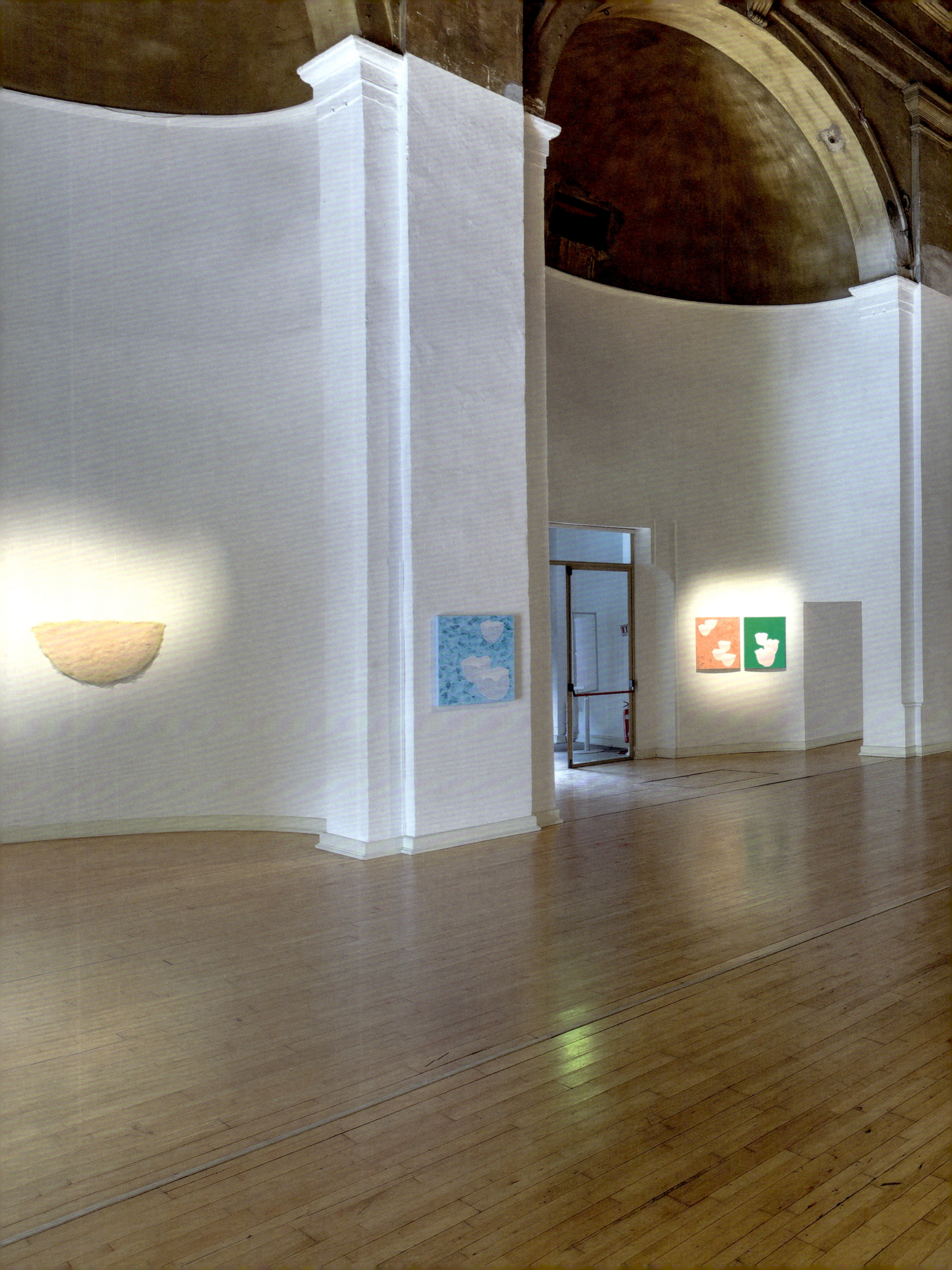

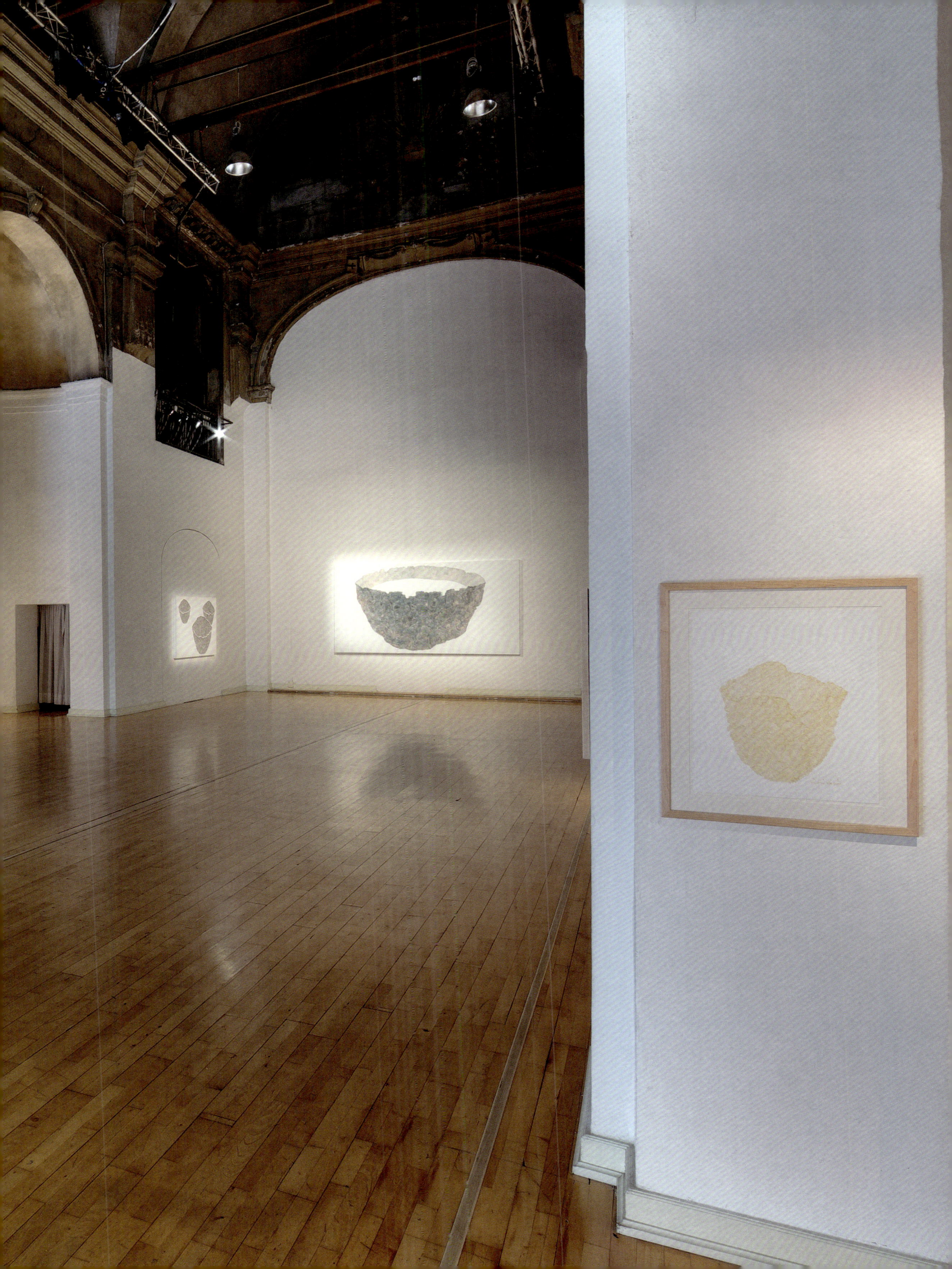

UNTITLED
2006
tecnica mista su tela
mixed media on canvas
61 × 51 cm
24 × 20 in

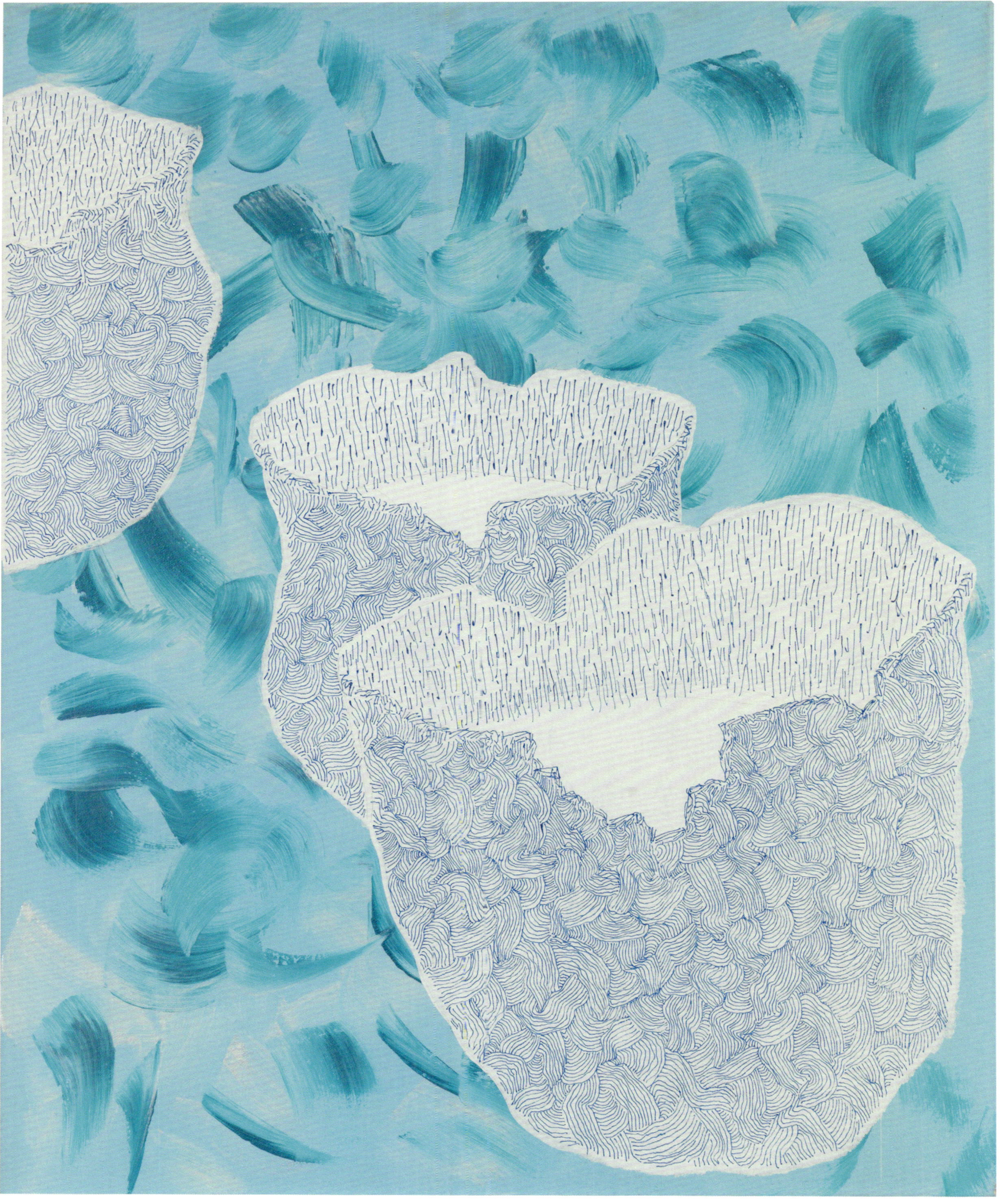

UNTITLED
2006
tecnica mista su tela
mixed media on canvas
61 × 51 cm
24 × 20 in

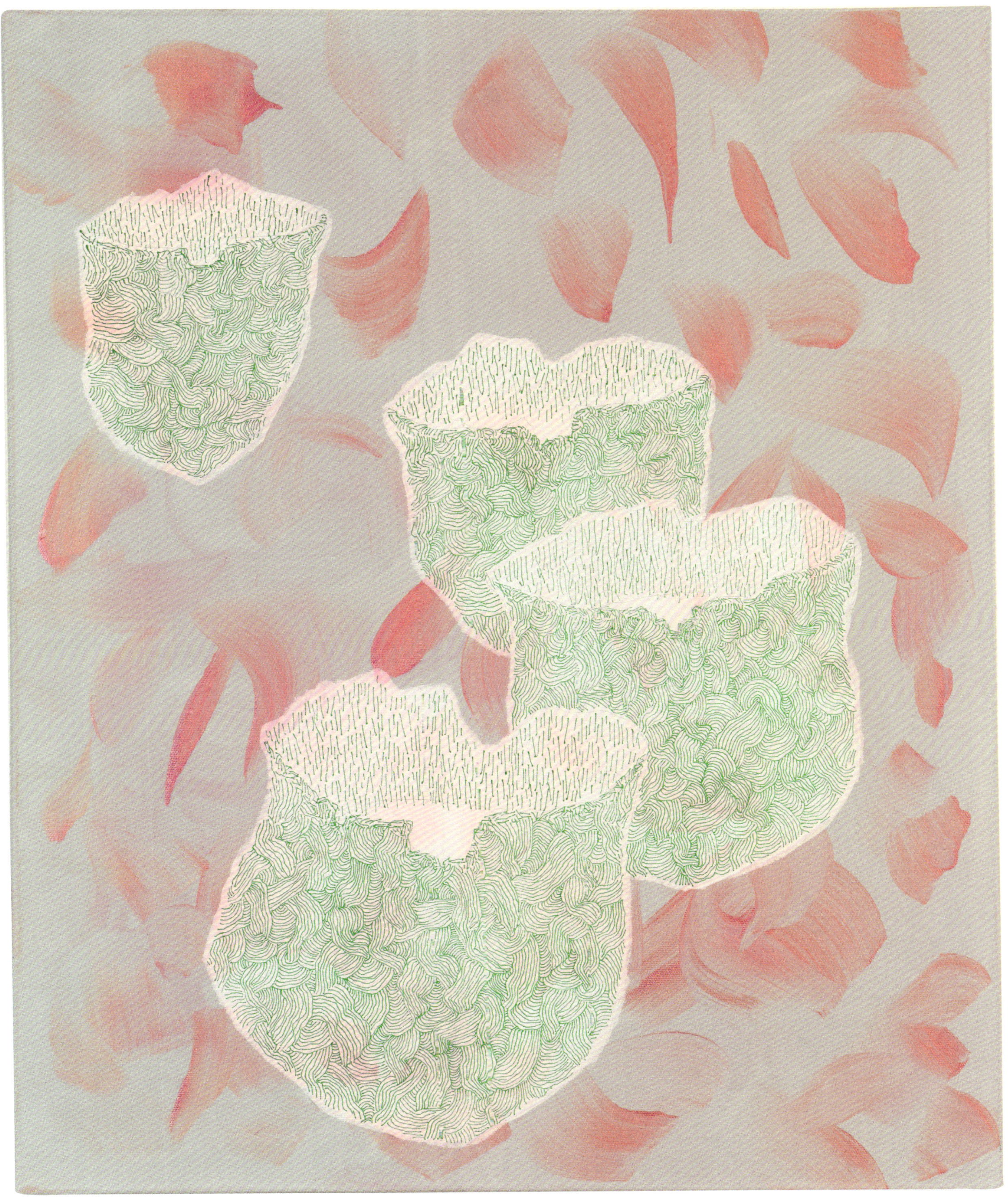

UNTITLED
2006
tecnica mista su tela
mixed media on canvas
61 × 51 cm
24 × 20 in

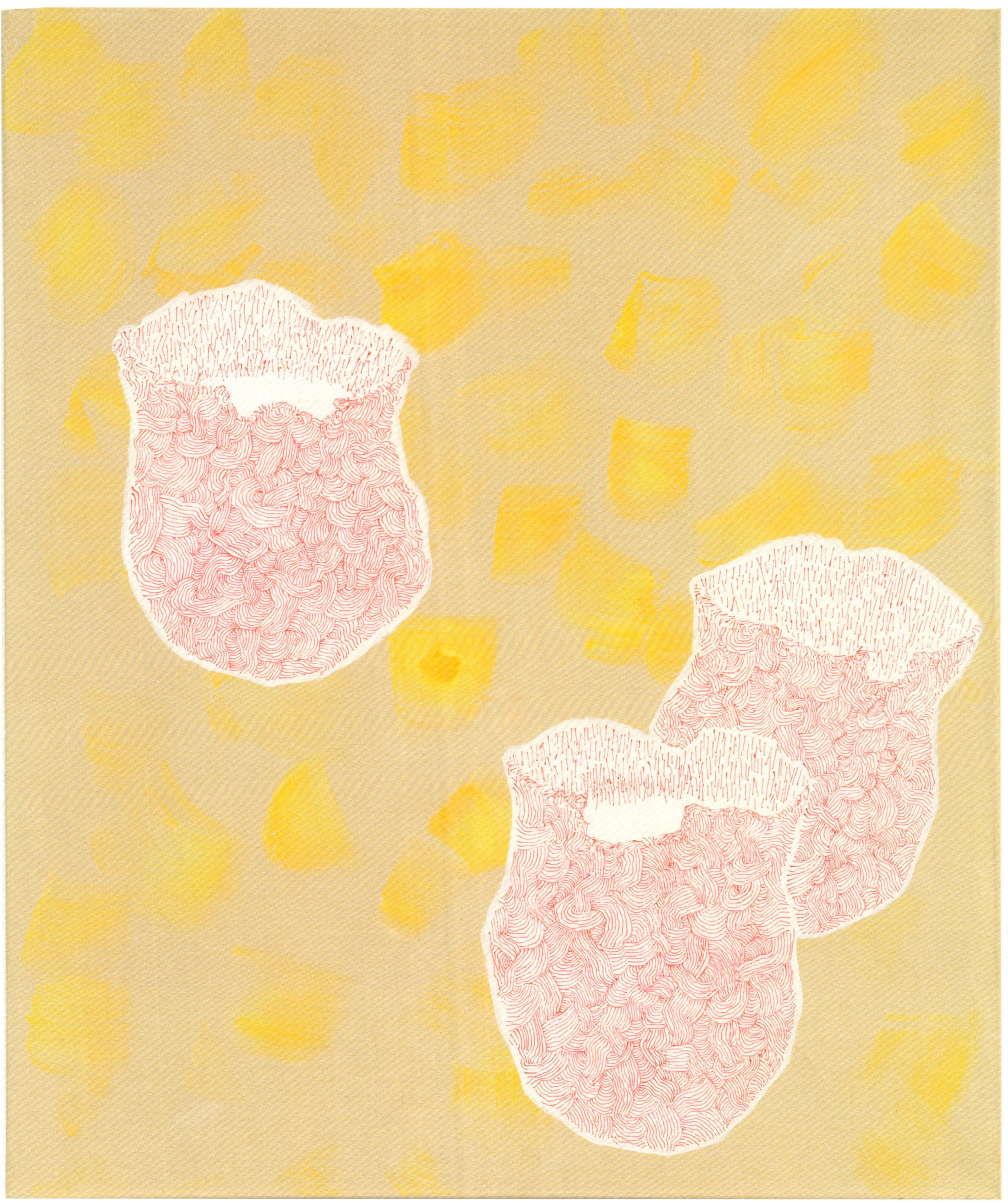

UNTITLED
2007
tecnica mista su tela
mixed media on canvas
56 × 70 cm
22 × 27 ¾ in

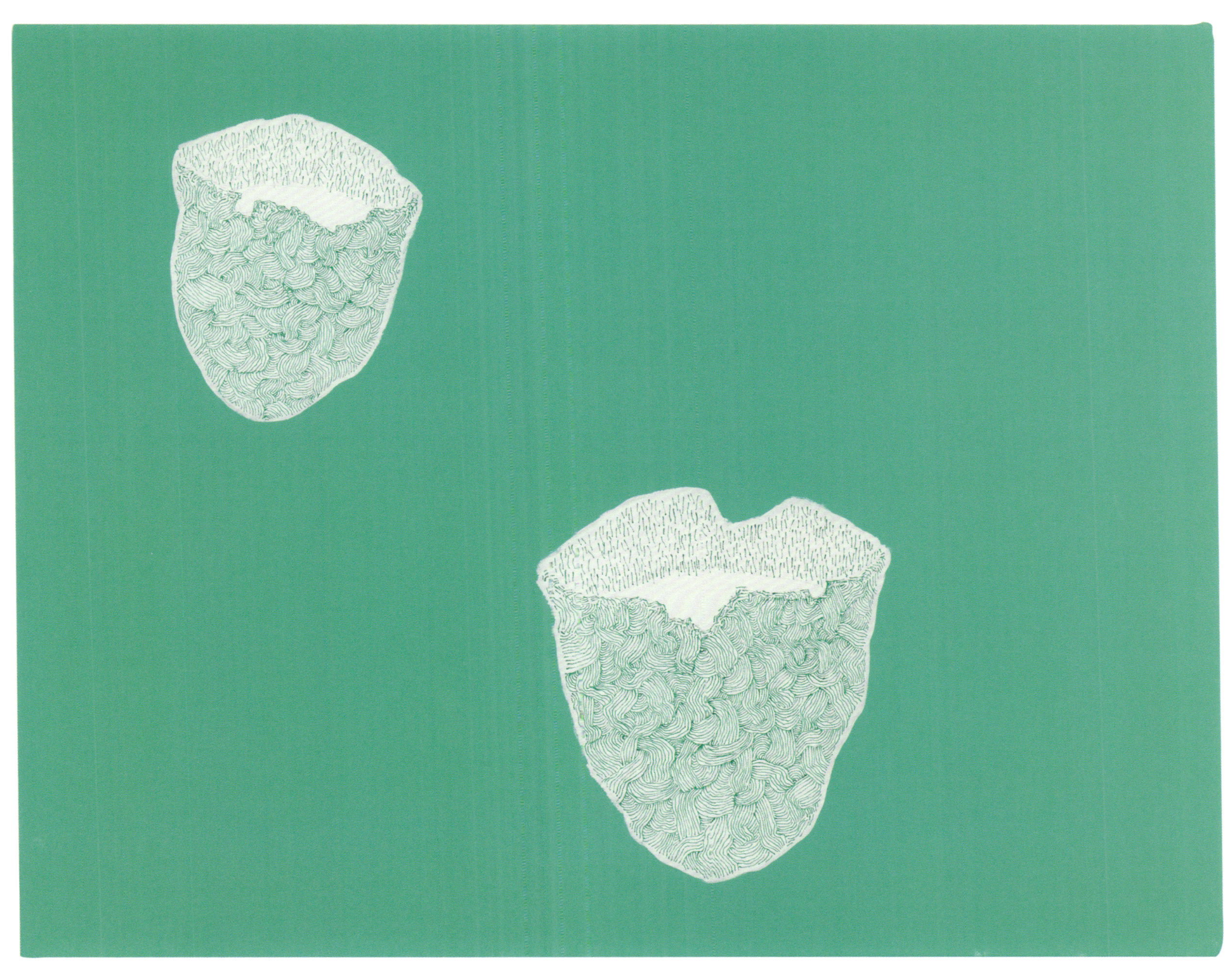

UNTITLED
2007
tecnica mista su tela
mixed media on canvas
70 × 56 cm
27 ¾ × 22 in

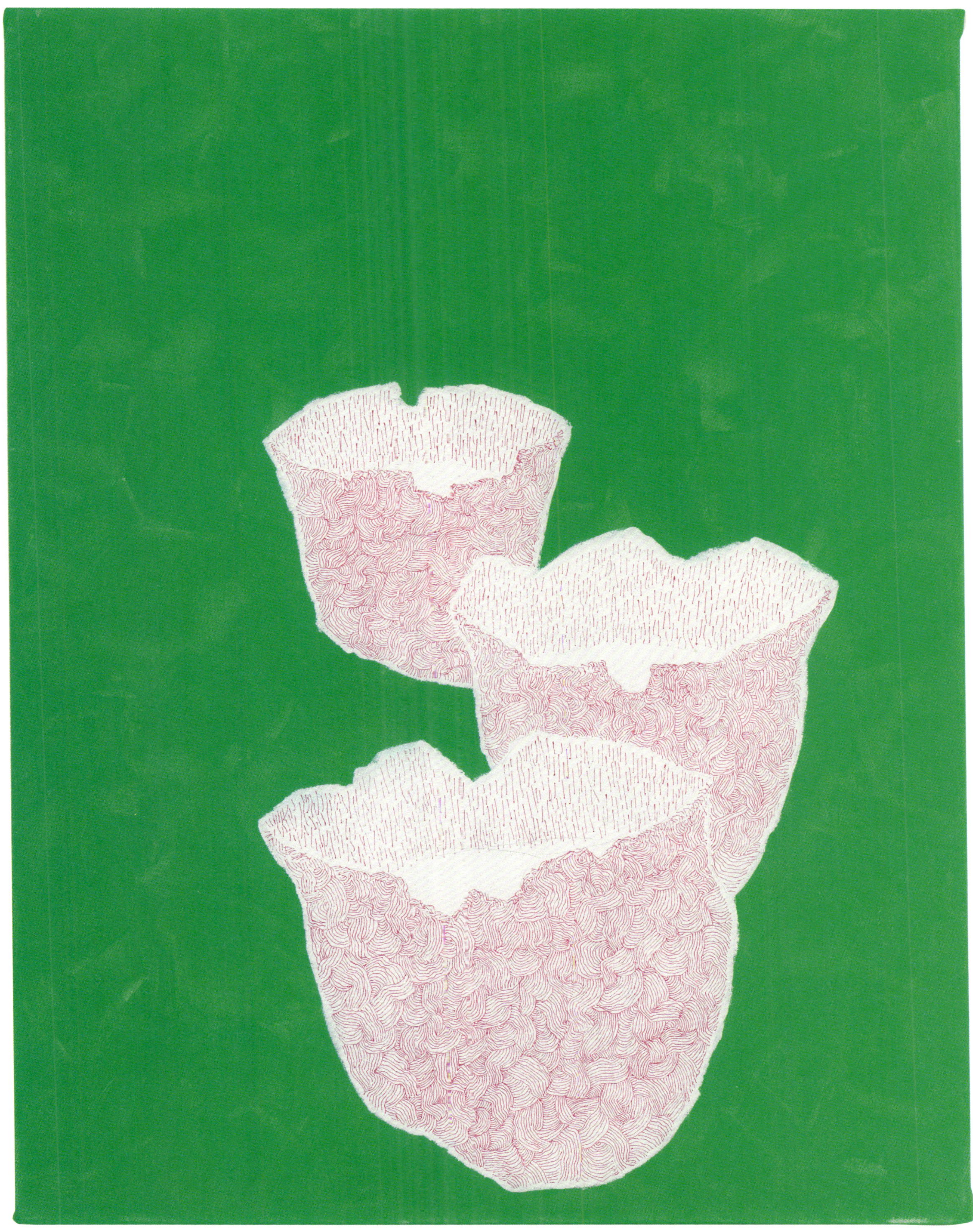

UNTITLED
2007
tecnica mista su tela
mixed media on canvas
56 × 70 cm
22 × 27 ¾ in

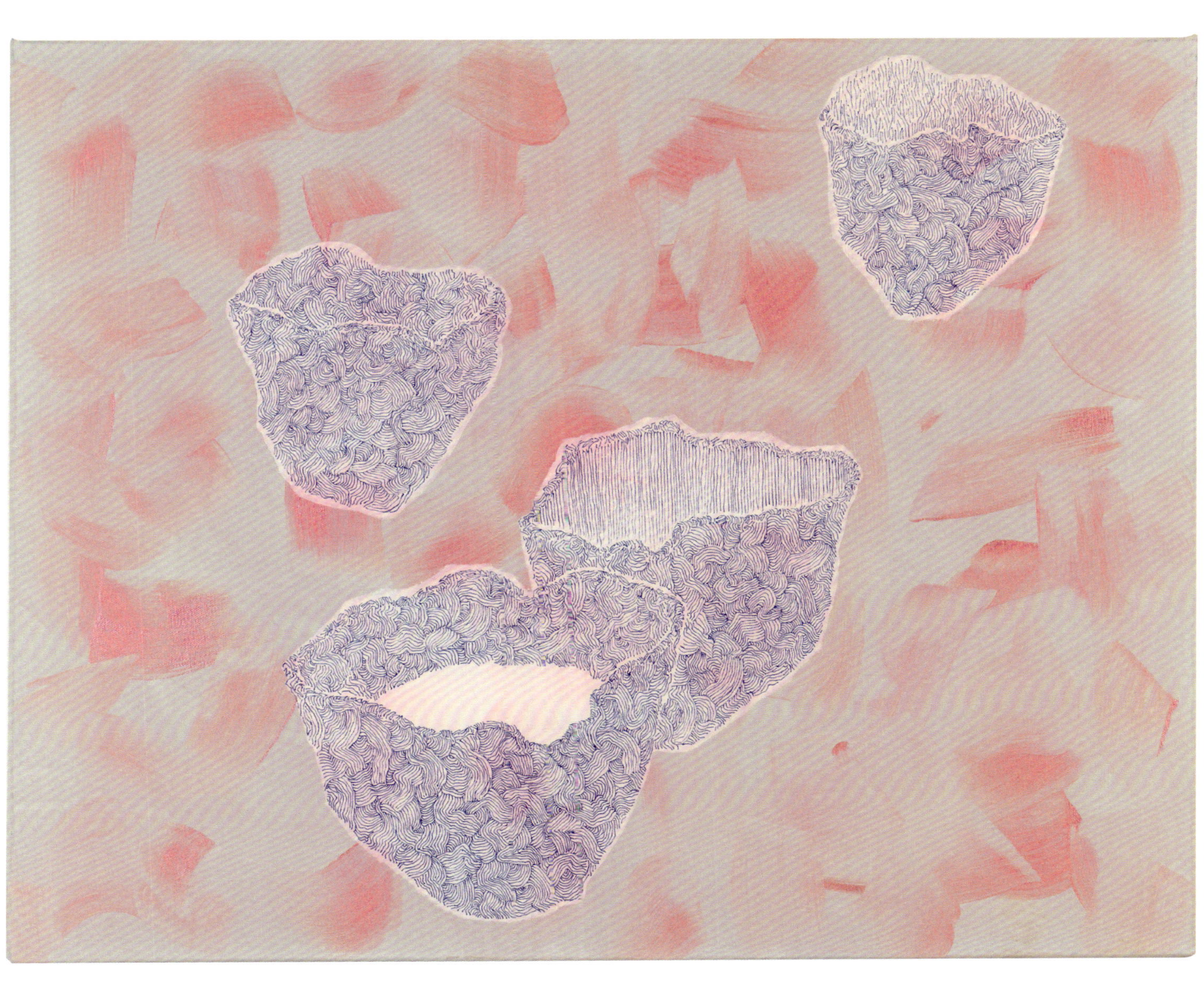

UNTITLED
2007
tecnica mista su tela
mixed media on canvas
70 × 56 cm
27 ¾ × 22 in

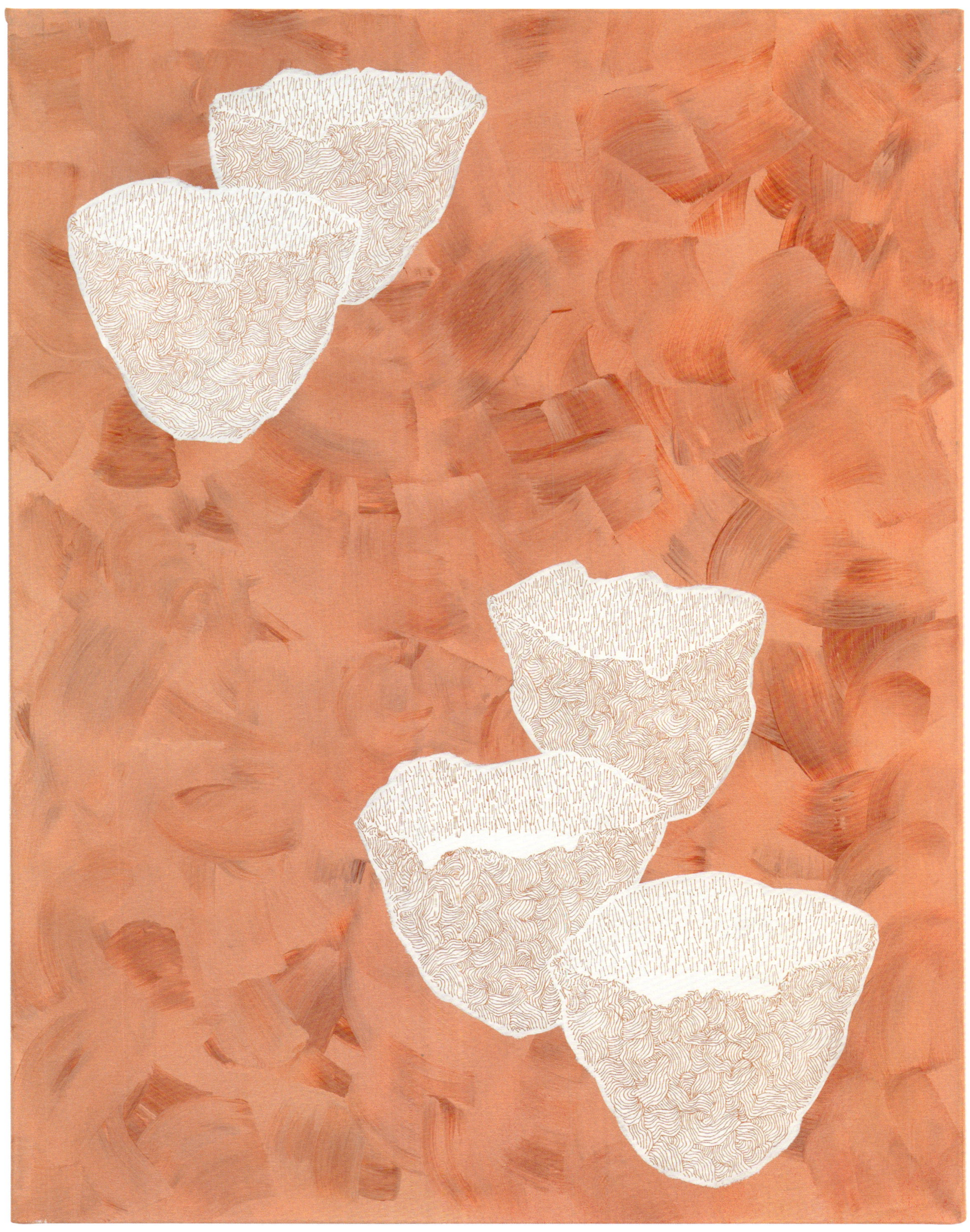

UNTITLED
2007
tecnica mista su tela
mixed media on canvas
70 × 56 cm
27 ¾ × 22 in

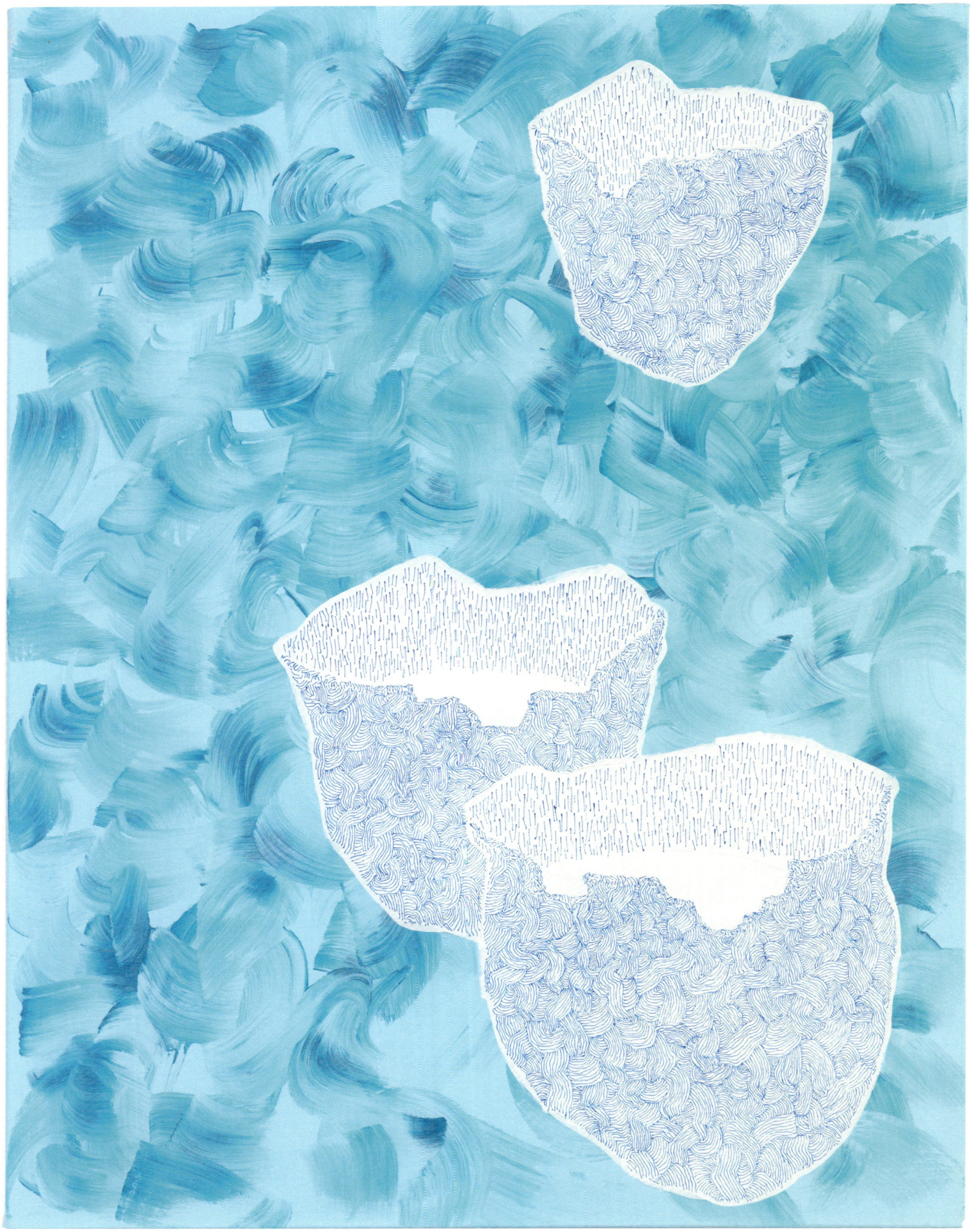

UNTITLED
2009
olio su tela
oil on canvas
81 × 100 cm
31 ¾ × 39 ¼ in

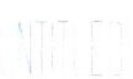

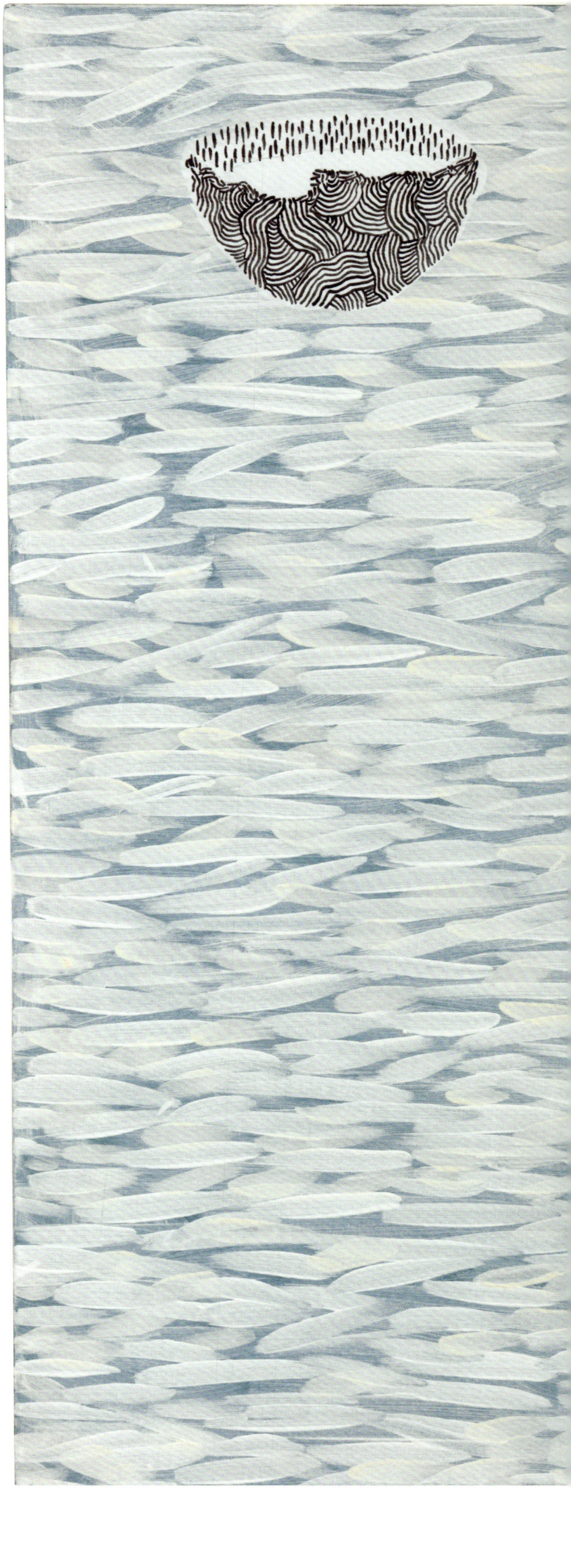

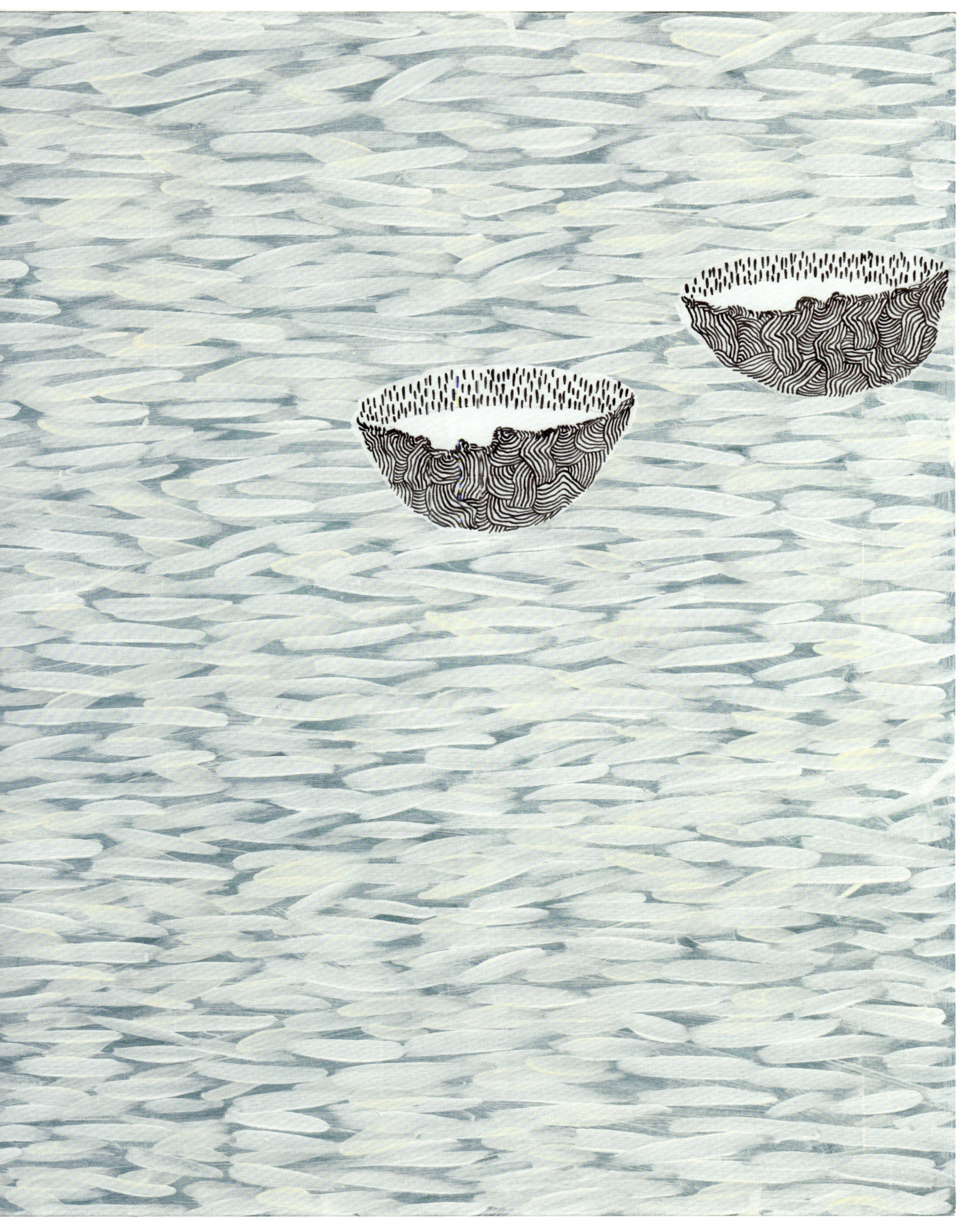

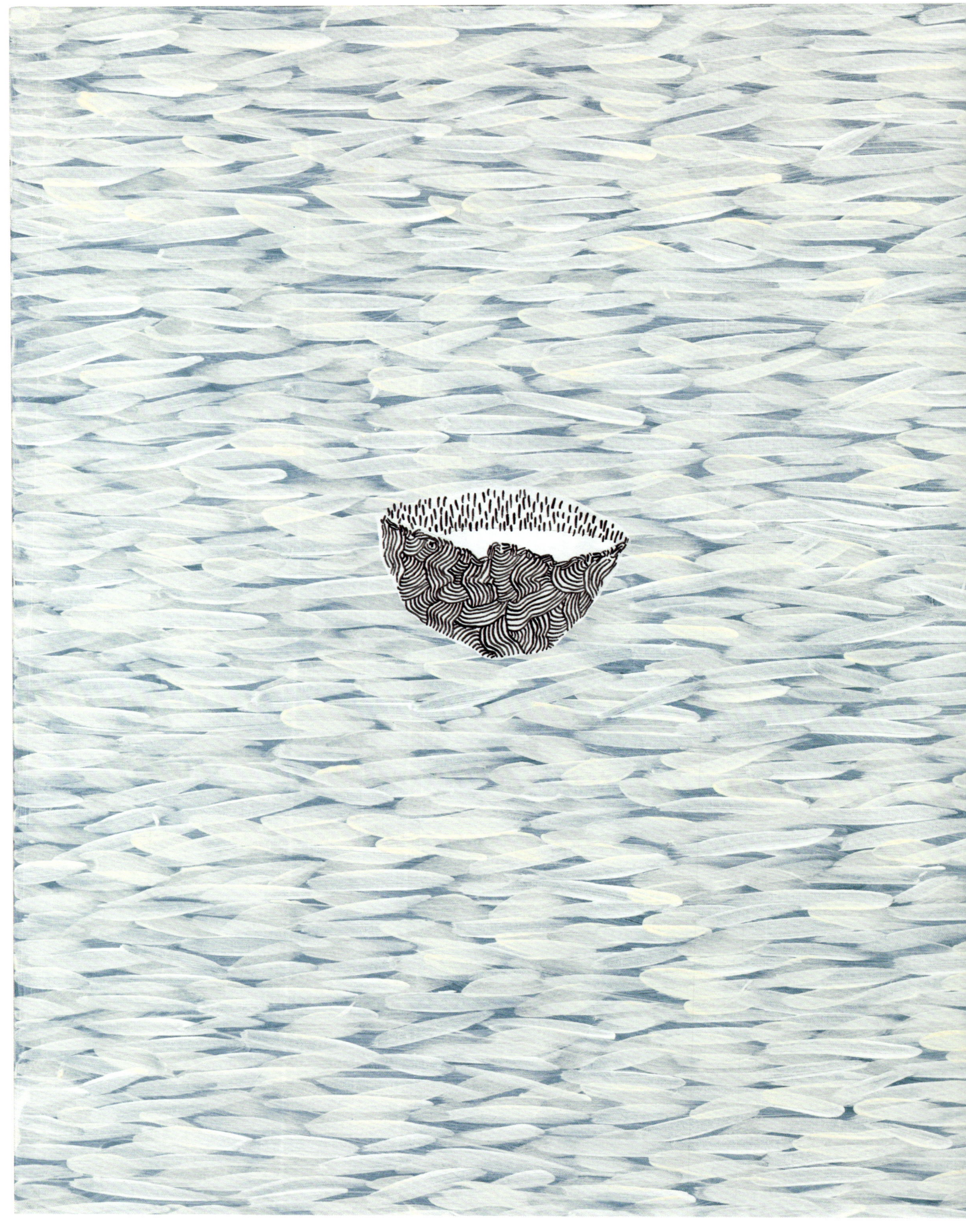

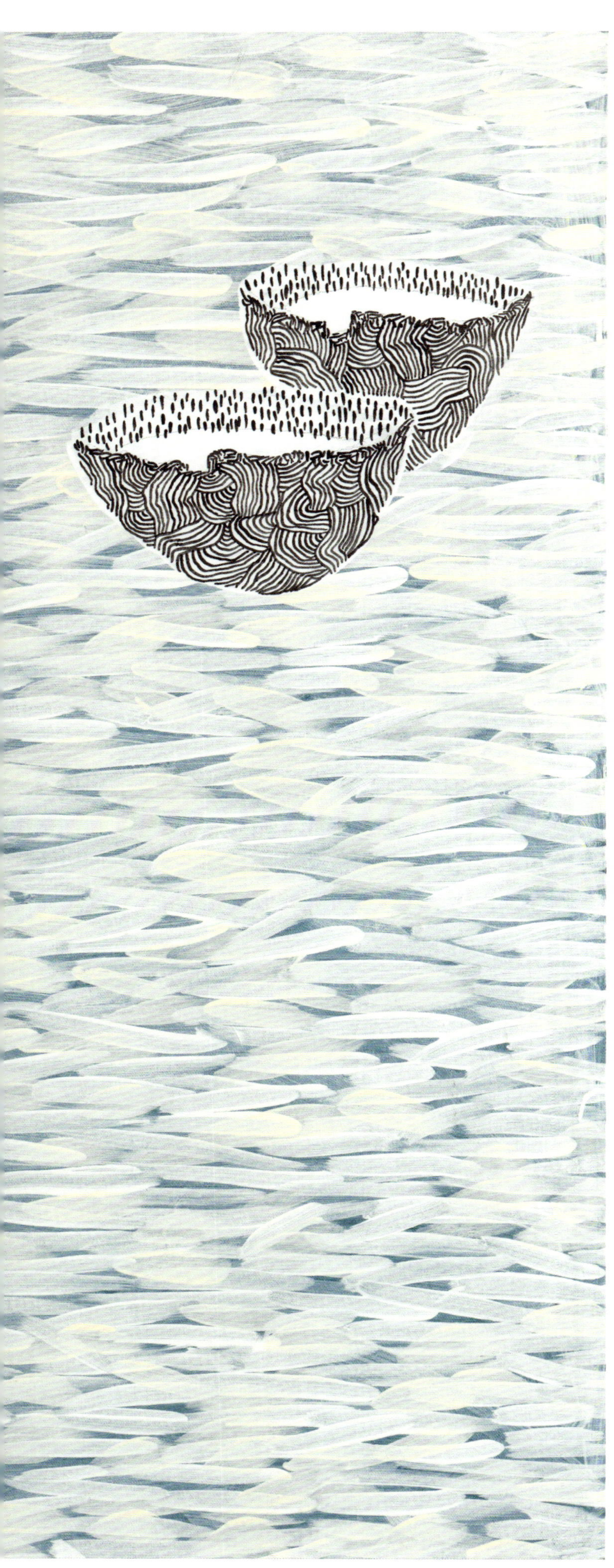

UNTITLED

2009
olio su tela
oil on canvas
81 × 100 cm
31 ¾ × 39 ¼ in

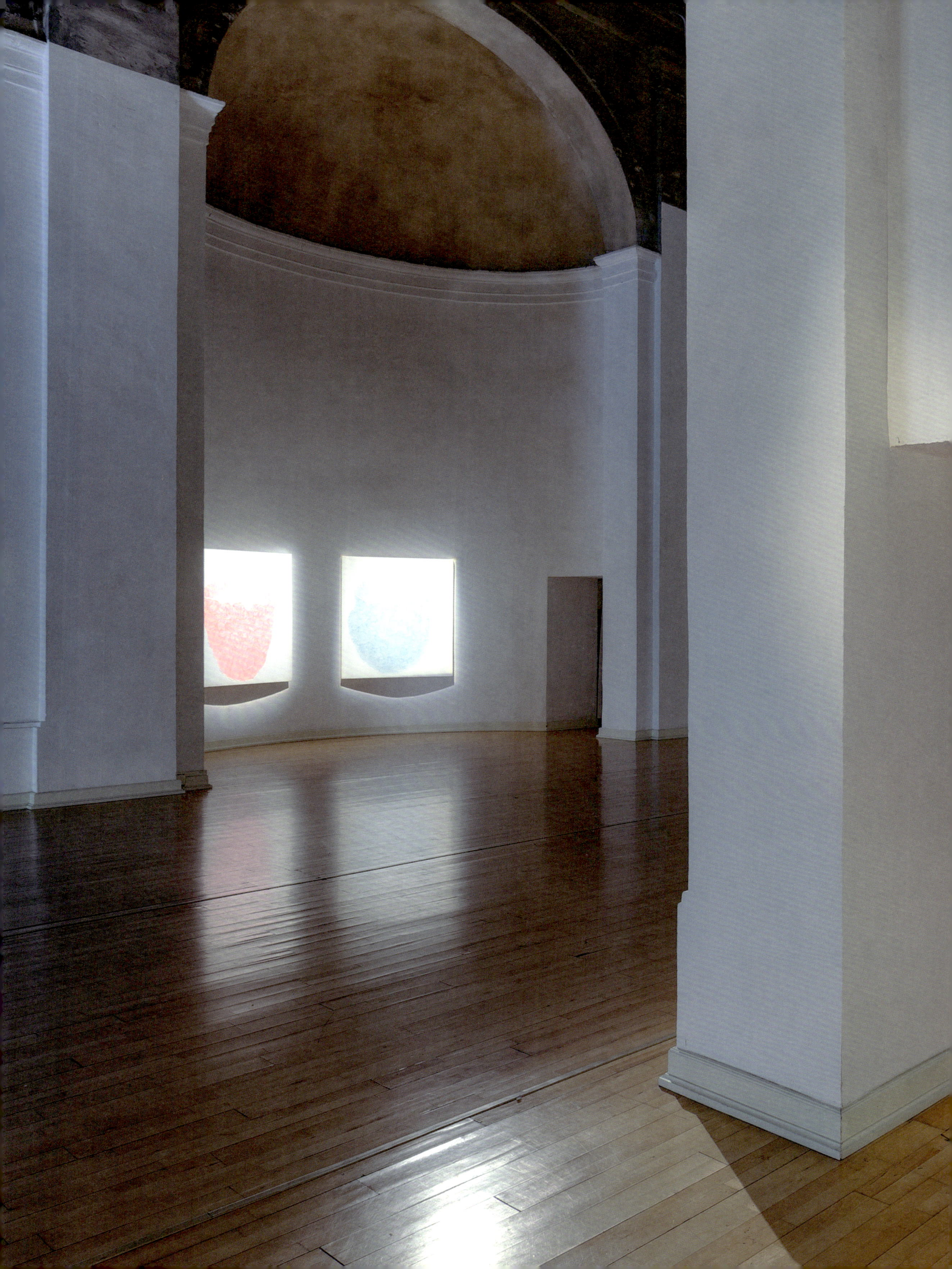

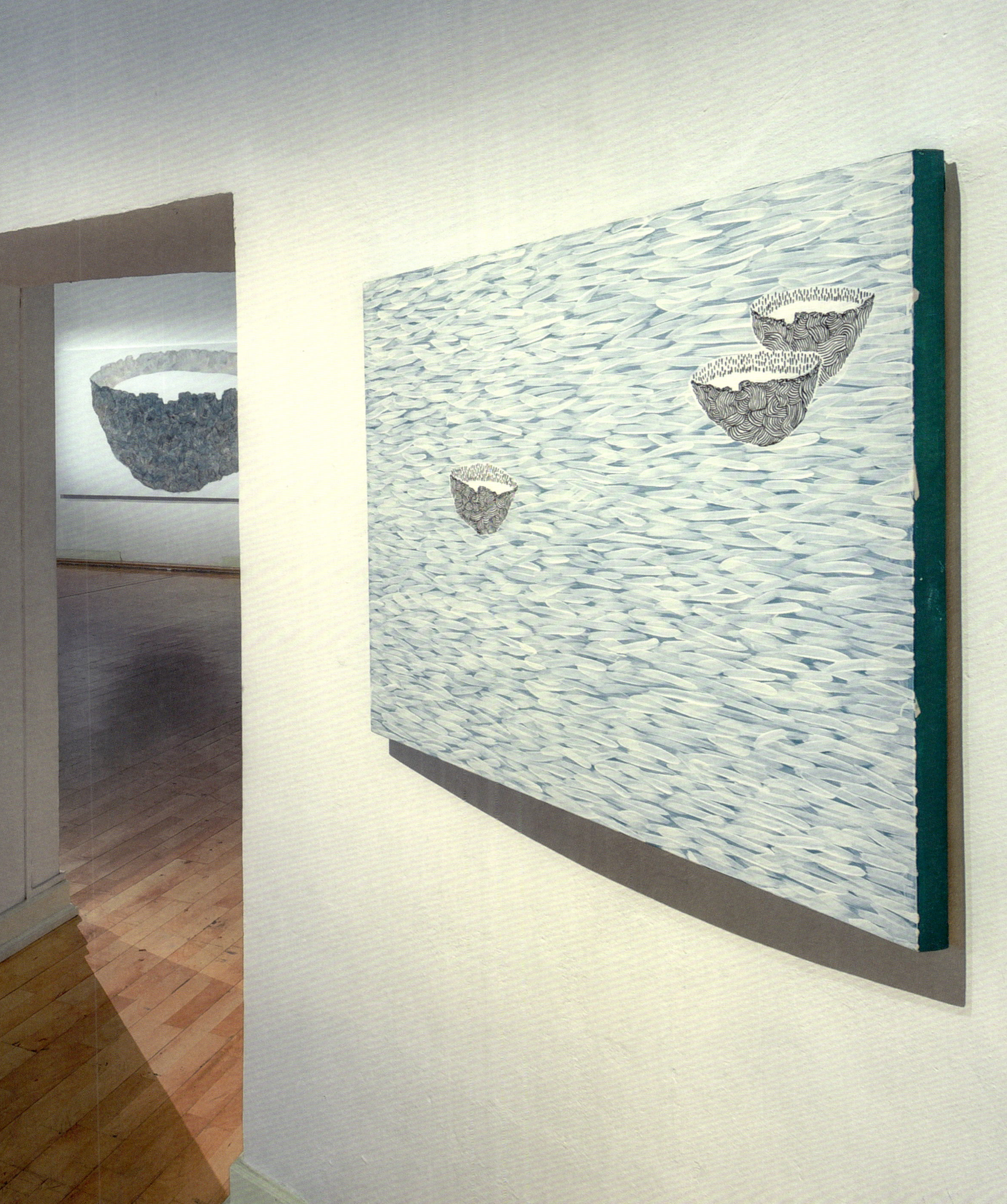

UNTITLED
2007
penna su carta
pen on paper
51 × 41 cm
20 × 16 in

UNTITLED
2007
penna su carta
pen on paper
51 × 41 cm
20 × 16 in

UNTITLED
2007
penna su carta
pen on paper
41 × 51 cm
16 × 20 in

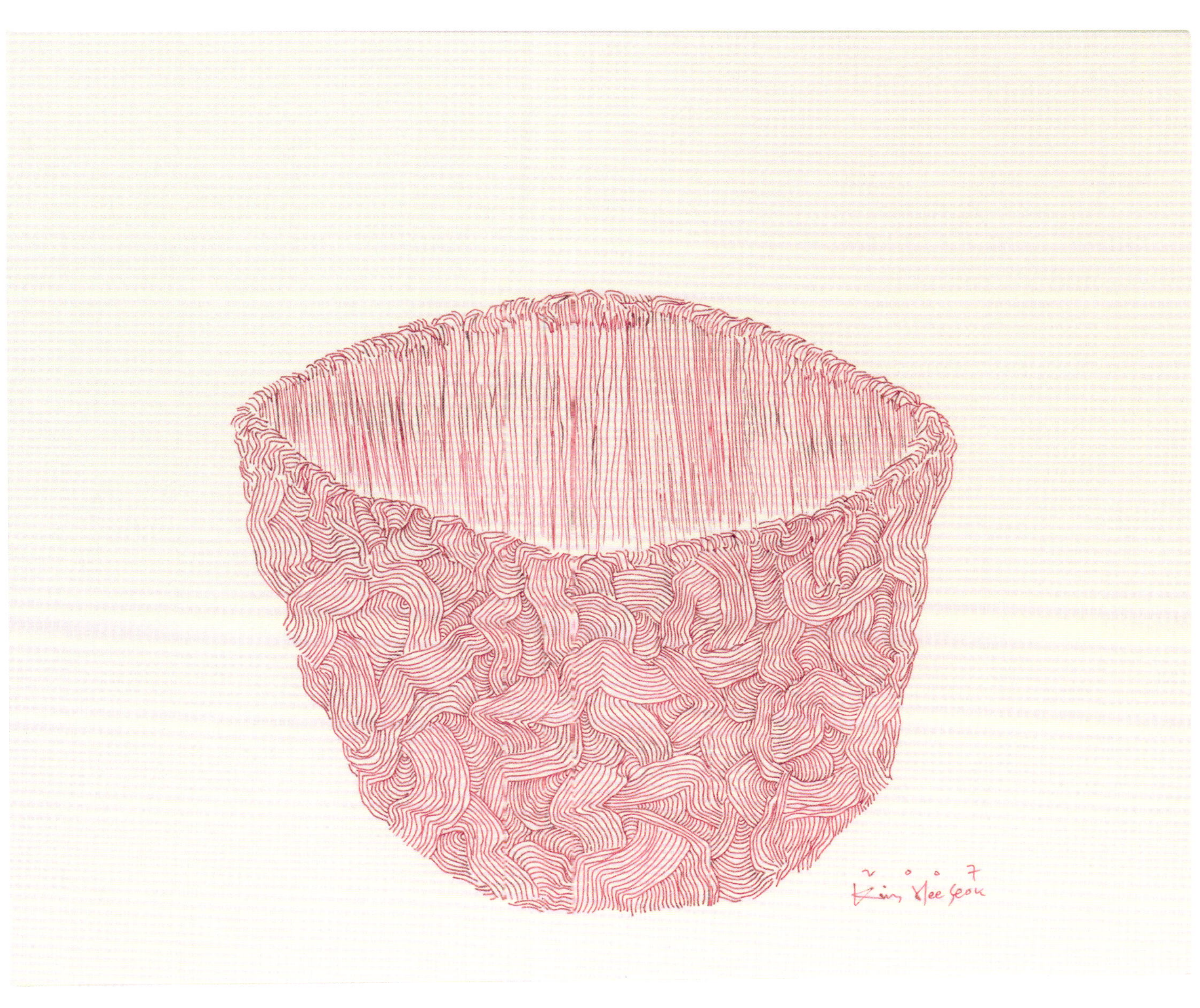

UNTITLED
2007
penna su carta
pen on paper
54 × 39 cm
21 × 15 in

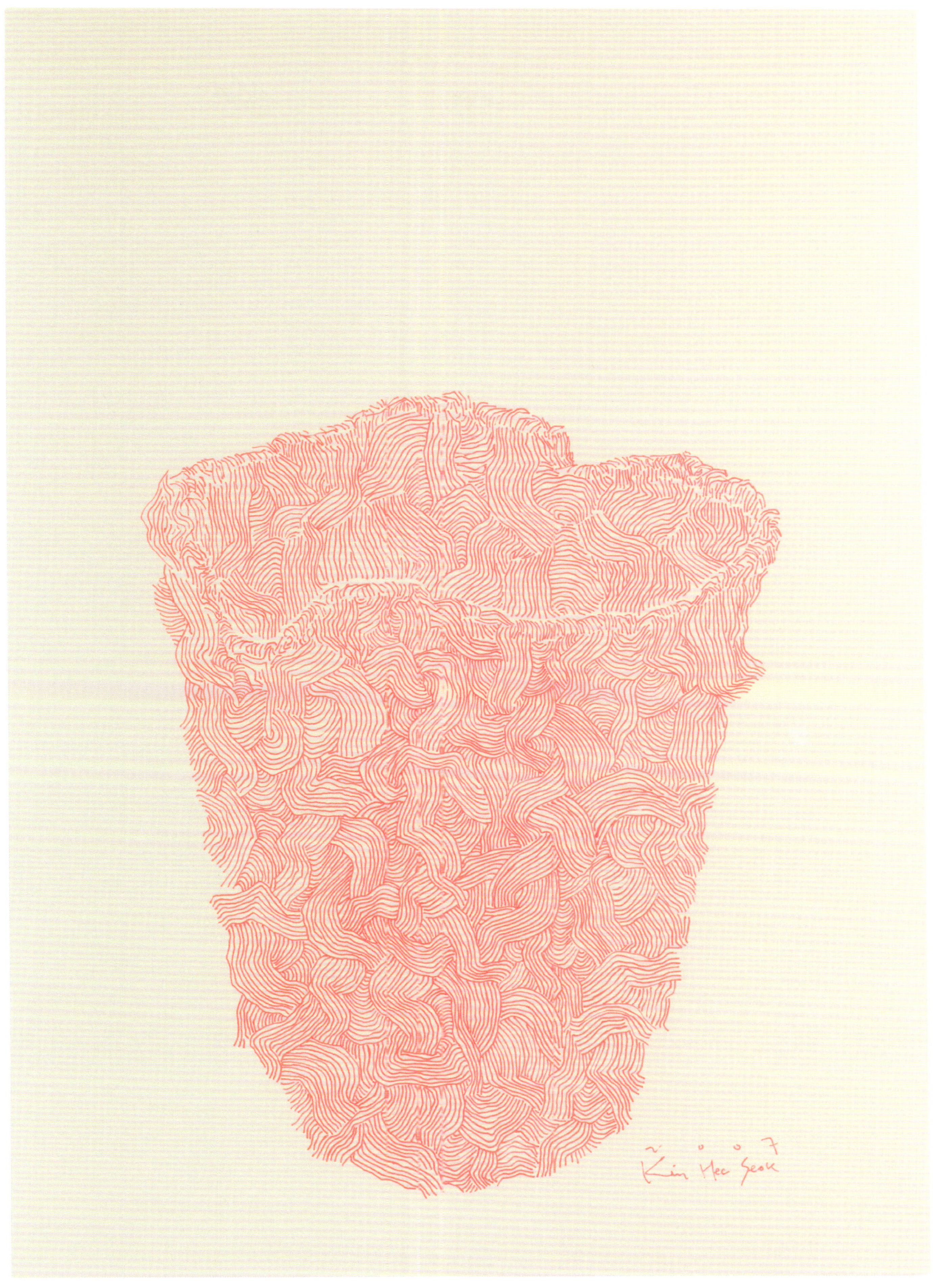

Kim Hee Seok

2007
penna su carta
pen on paper
54 × 39 cm
21 × 15 in

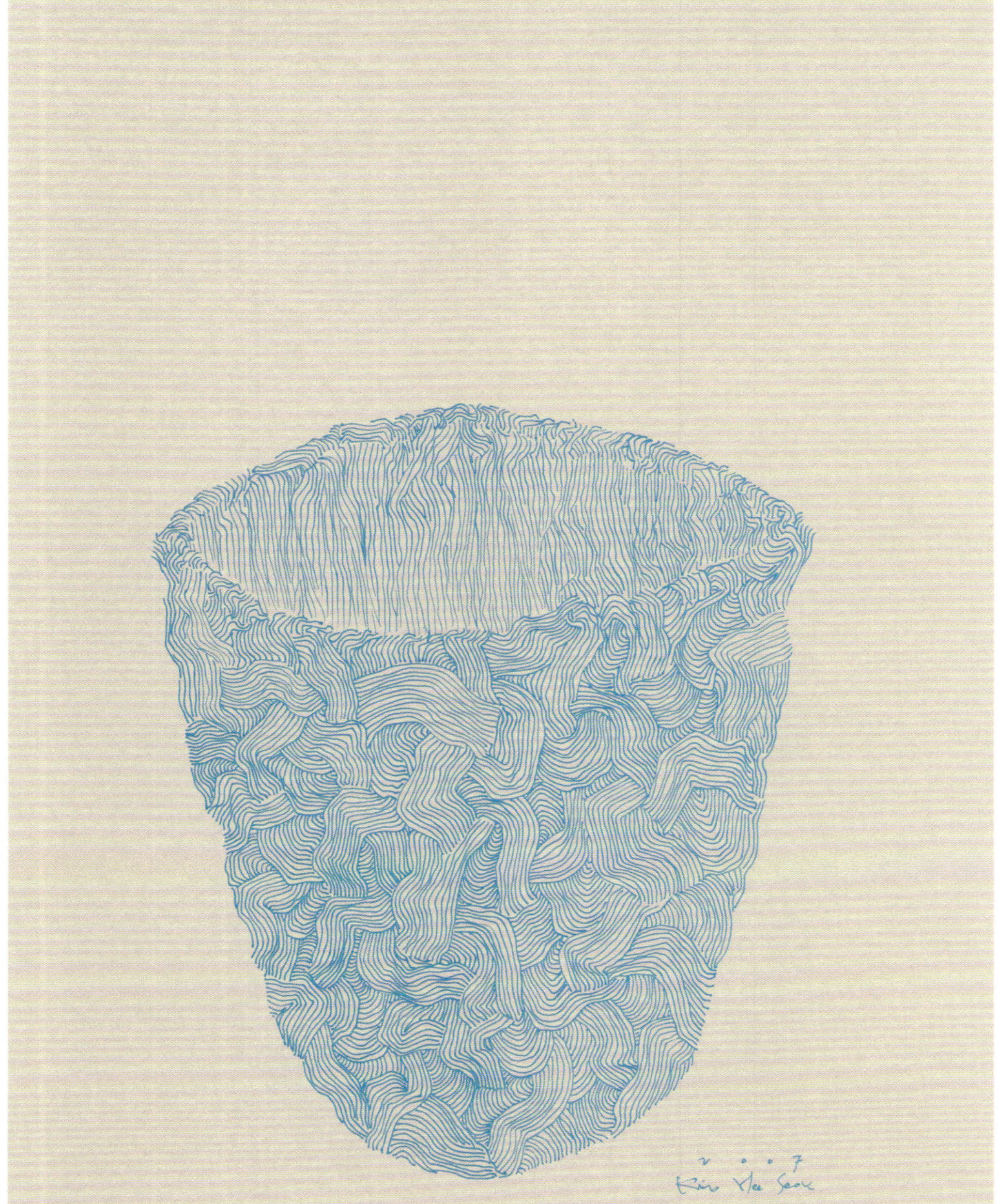

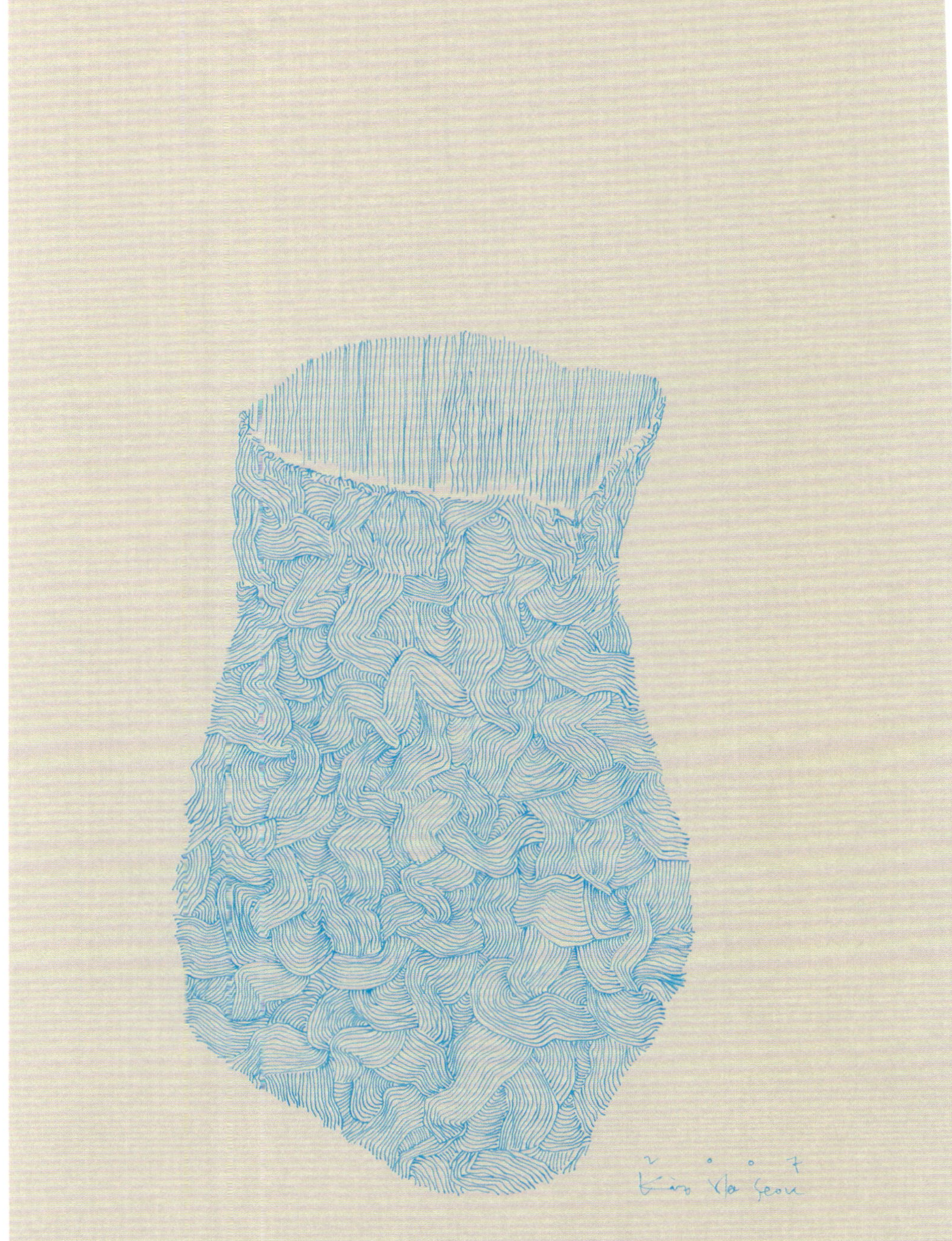

UNTITLED
2007
penna su carta
pen on paper
54 × 39 cm
21 × 15 in

UNTITLED

2007
penna su carta
pen on paper
54 × 39 cm
21 × 15 in

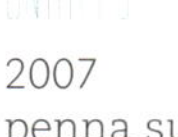

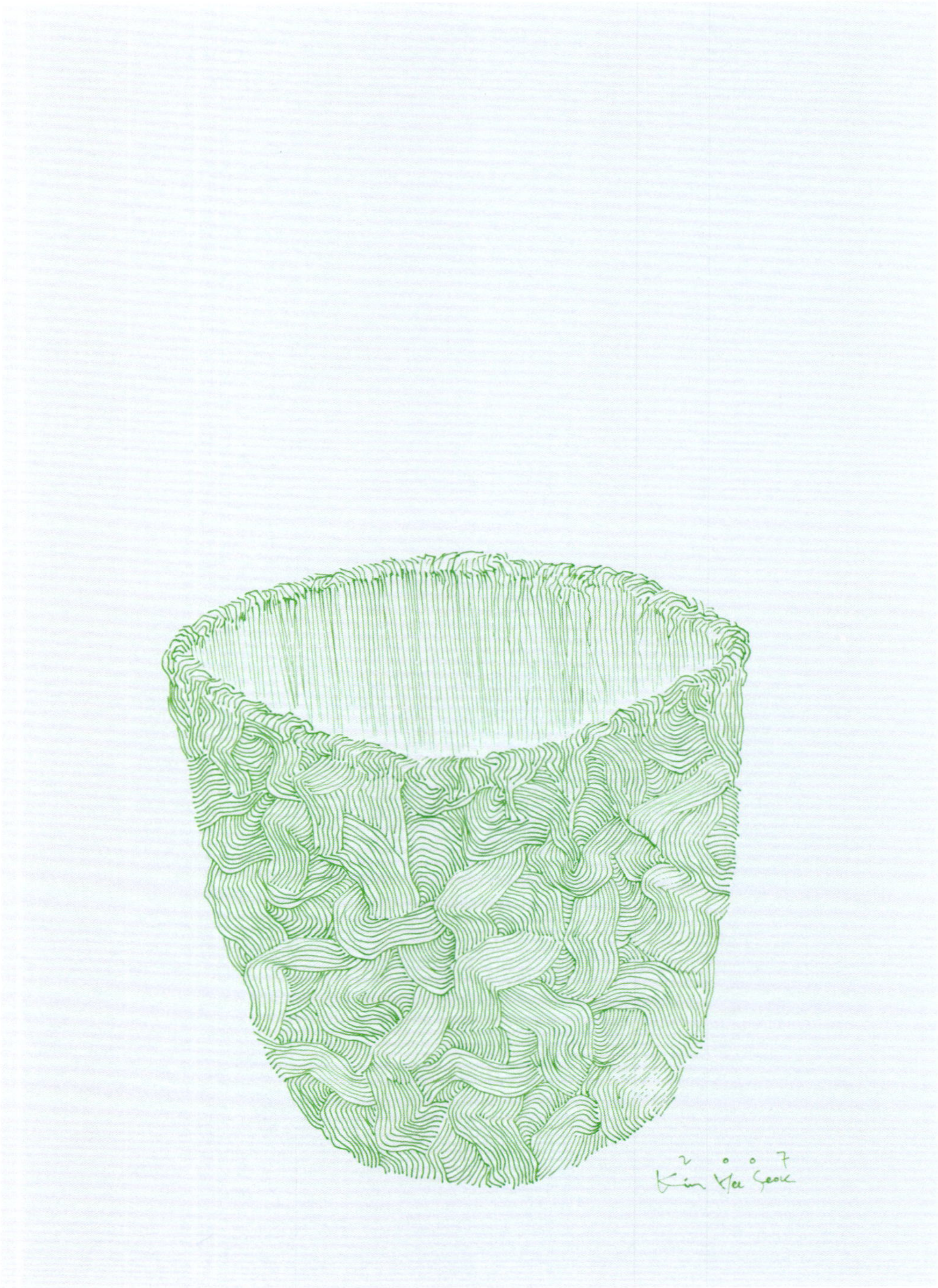

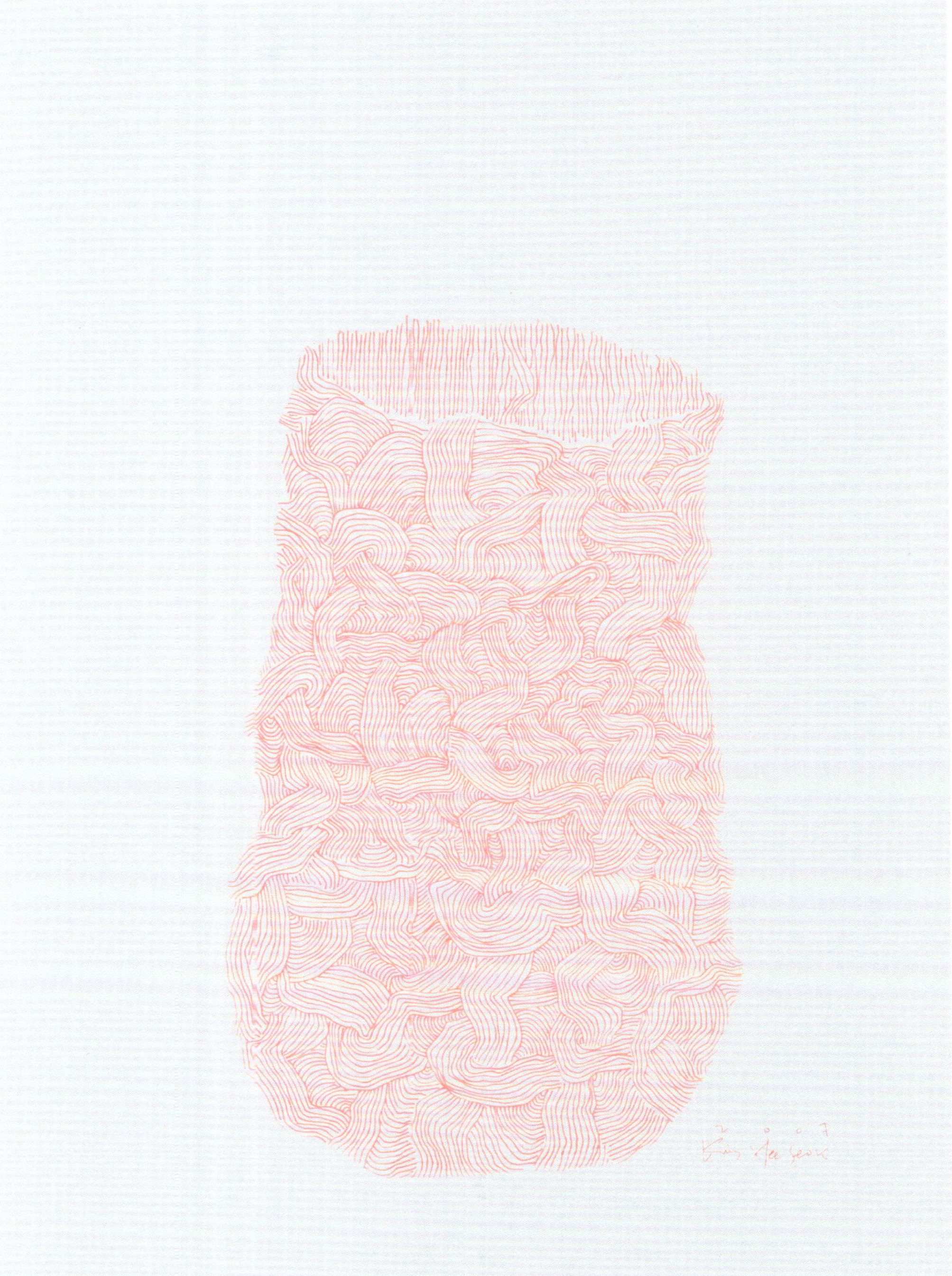

UNTITLED

2007
penna su carta
pen on paper
54 × 39 cm
21 × 15 in

UNTITLED
2007
penna su carta
pen on paper
54 × 39 cm
21 × 15 in

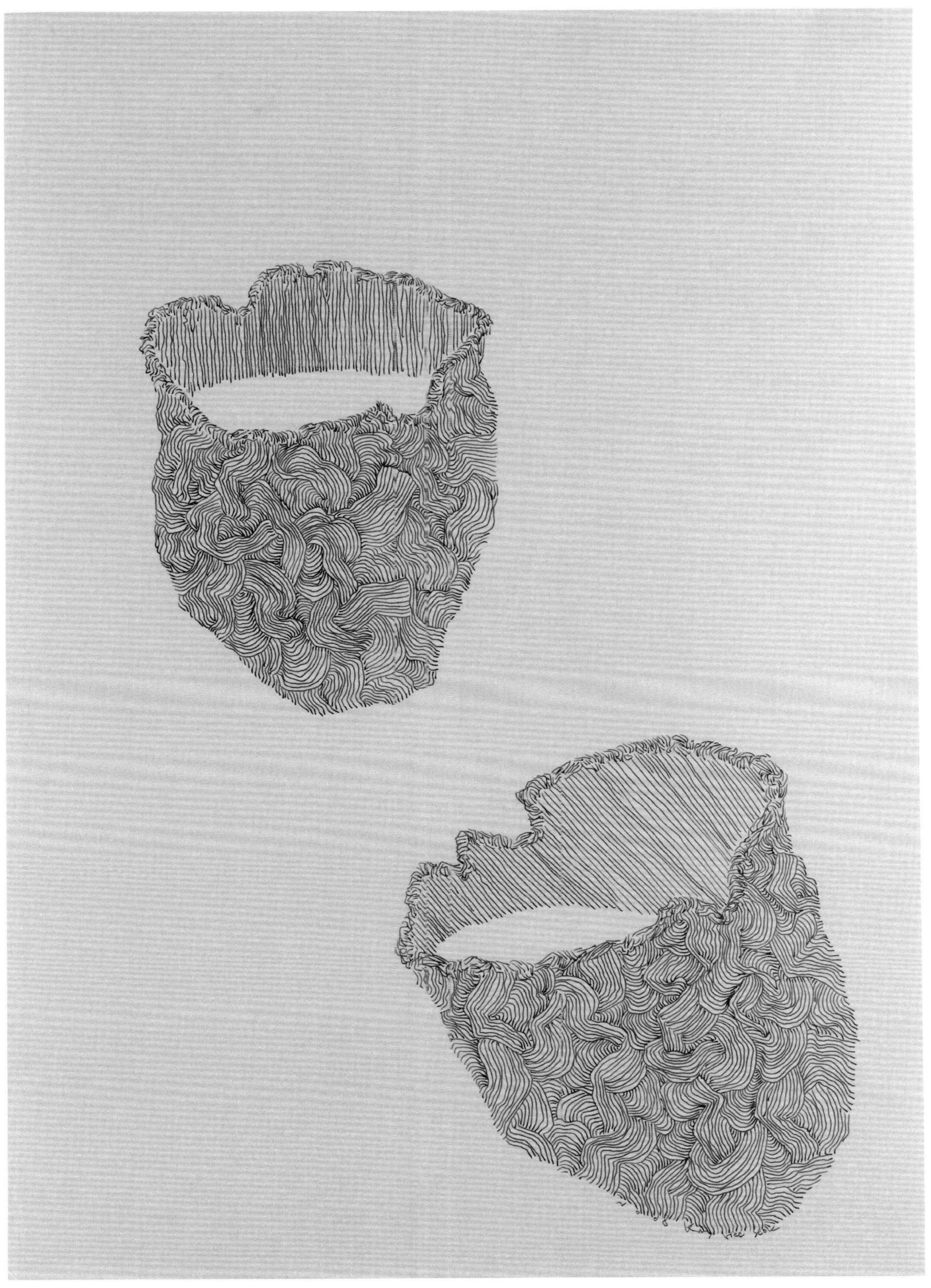

UNTITLED
2014
penna su carta
pen on paper
71 × 56 cm
28 × 22 in

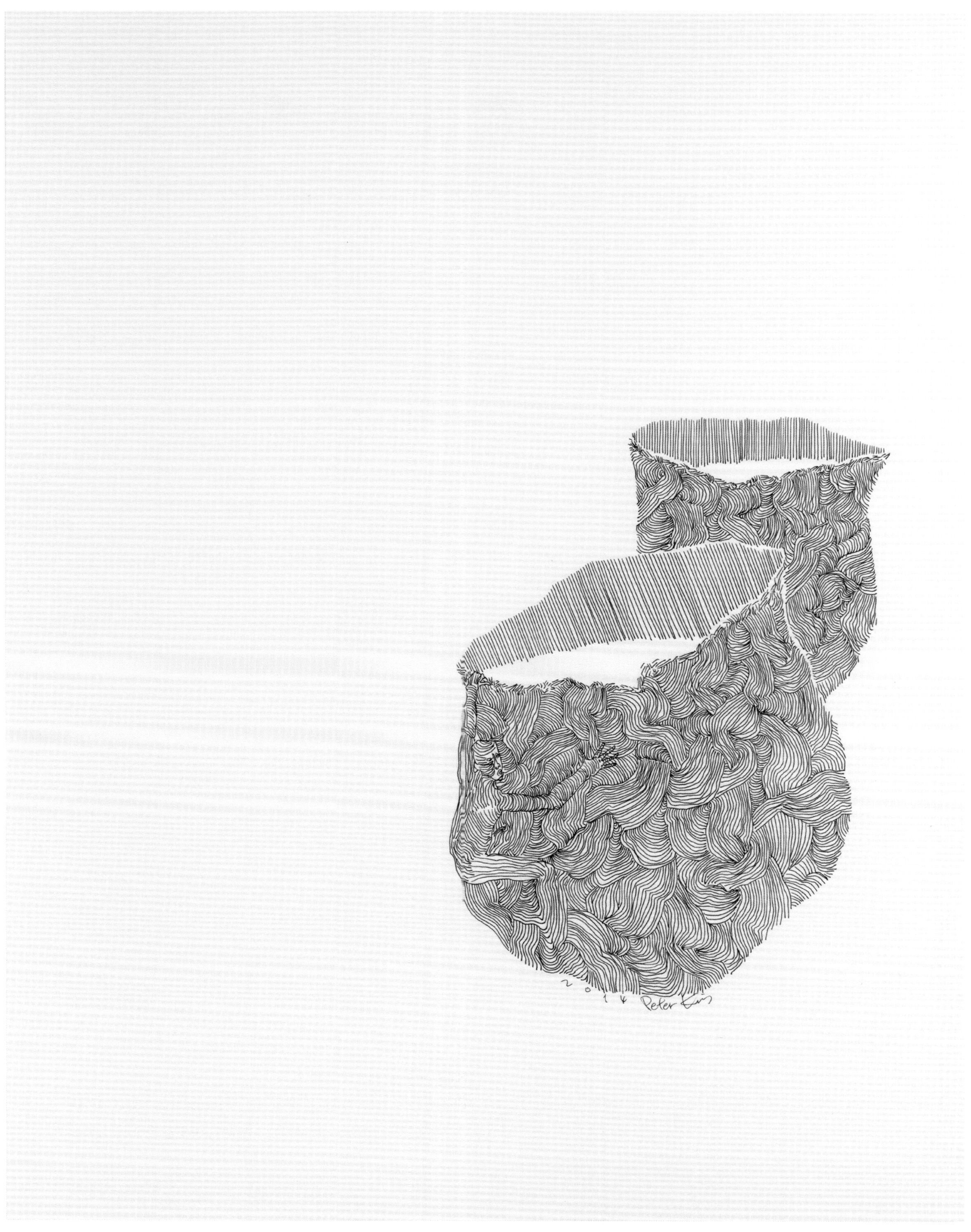

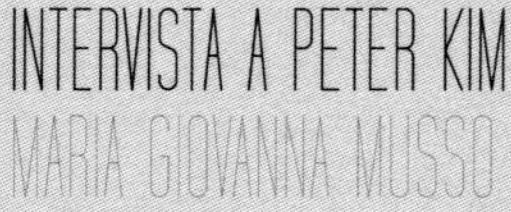

MGM: Come sei diventato un artista?
PK: Fin da piccolo mi è sempre piaciuto disegnare. Ero introverso e mi sentivo a mio agio solo disegnando. Da giovane devo aver desiderato un mondo diverso da quello in cui vivevo e cercavo di esprimerlo nei miei disegni.

MGM: Da cosa trae ispirazione il tuo lavoro?
PK: La mia arte trae ispirazione dalla molteplicità degli stimoli, dall'incontro con città sconosciute, da ricordi e attività sconnesse che si presentano come frammenti nella mia anima. Proviene soprattutto dalle ombre di ricordi perduti e dal confronto tra la vastità della storia umana e la mia minuscola esistenza, così piena di pensieri complessi e confusi.

MGM: Cosa cerchi di trasmettere attraverso il tuo lavoro?
PK: In quanto orientale, mi sento straniero in Europa e in America. Sono diventato uno dei tanti membri della società odierna che vive nel caos e nella confusione, nel rumore e in un eccesso di consumismo. In questo mondo materiale mi dibatto, sentendomi provvisorio, in bilico, come un vascello spezzato di un tempo remoto. Ed è per questo che le linee regolari e irregolari mi rappresentano.

MGM: Fra il tempo della creazione e il tempo della vita sociale c'è probabilmente un conflitto. Come lo vivi?
PK: Siamo sempre a corto di tempo e credo che questo causi un inevitabile turbamento mentale, specie a coloro che vivono in città. Perciò apprezzo il tempo che trascorro davanti alle mie tele: mi aiutano a trovare un ordine interiore.

MGM: Da cosa nasce la tua scelta di privilegiare la linea come mezzo espressivo?
PK: Le linee fatte con un piccolo pennello sono la mia forza vitale. Sono anche il segno delle mie lotte, delle reazioni di sconcerto registrate dal mio corpo. Ci vuole tempo e controllo mentale per sciogliere un gomitolo di lana aggrovigliato. La ripetizione di linee sovrapposte nel mio lavoro è una metafora del mio essere un outsider di fronte alla diversità culturale e agli equivoci della vita quotidiana.

MGM: Il vaso è la figura ricorrente nella tua opera. Qual è la ragione di questa tua predilezione?
PK: I "recipienti" nelle mie opere sono, visivamente, contenitori infranti. Hanno tutti una forma leggermente diversa pur avendo la stessa essenza interiore. Rappresentano oggetti che contengono il tempo perduto. Sono il simbolo della lunga storia dell'umanità e della pluralità di culture diverse. Alludono all'anelito reciproco che l'umanità e io proviamo.

MGM: Per T. S. Eliot l'artista è la combinazione di una "mente che crea" e di "un uomo che soffre". Per te sono separati o sono tutt'uno?
PK: Credo che tutti gli artisti abbiano punti di vista diversi. Nel mio caso, quando lavoro, sento la gioia di tornare a un passato remoto. Perciò, invece di sentirmi angosciato, sono pieno di speranza e aspettative immaginando la nascita di una nuova opera d'arte.

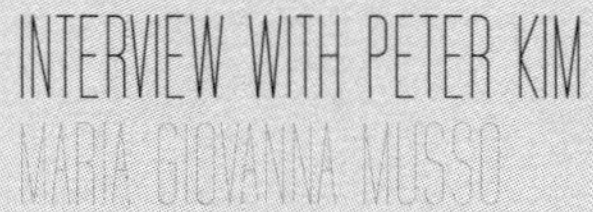

MGM: How did you become an artist?
PK: I liked drawing pictures since I was young. I was an introvert and so I was only comfortable expressing things via pictures. When young, I must have longed for a different world, and so I tried to express it in my drawings.

MGM: What inspires your work?
PK: The inspiration for my art comes from my life in an unfamiliar city, which allows me to come across an unimaginable number of events. So my memories and the various activities in me are not making a connection with each other and thus exist in my soul as fragments. The inspiration for my art comes mainly from the shadows of lost memories inside me, and from the comparison of mankind's vast culture and civilization having progressed for so long, and how I exist as a minuscule being with complex mixed up thoughts.

MGM: What do you try to transmit through your work?
PK: As an Asian, I feel like a foreigner in Europe and America. I have become one of the members of today's society that is experiencing chaos and confusion, and also noisy and excessive consumerism. In this material world, I am a floundering, temporary, unbalanced being, represented as a broken vessel in a time that has existed since long ago. And that is why the regular and irregular lines represent me.

MGM: Between the time of creation and the time of social life there might be a conflict. How do you experience it?
PK: These days, one is always running out of time, and I believe this causes inescapable mental turmoil to the urban people out there. And that is why I enjoy the time I spend facing my canvas: it helps me find an inner order.

MGM: Where does your choice to privilege lines as a means of expression originate from?
PK: The lines from a thin brush are my living breath. These lines are also the signs of my struggles that immediately recorded my body's uneasy reactions.
One needs to allocate enough time and control one's mind in order to untangle a messy tied up ball of yarn. The repeating and overlapping lines in my work are a metaphoric way of expressing how an outsider feels about the infinitely uneasy reactions and allusions of everyday life.

MGM: Vases are recurring images in your work. What is the reason for this predilection?
PK: The "vessels" in my works are fractured containers from a visual point of view. Those vessels all have a slightly different form, but all share the same inner essence. Those vessels represent the objects that contain the time lost. They are the symbol of the long history of mankind and the various different cultures. And they allude to the desire mankind and I have towards each other.

MGM: T. S. Eliot saw the artist as a combination of a "creative mind" and "an ailing man." Are they separate or are they a coherent whole?
PK: I believe all artists have different points of view. In

Credo che "l'uomo sofferente" e la "mente creativa" siano cose all'interno di un ciclo, connesse come strane calamite in una specie di conduttura serpeggiante.

MGM: Il tuo rapporto con il colore è cambiato negli ultimi anni. I monocromi a un certo punto hanno sostituito i colori pastello che usavi prima. Come mai?
PK: Quando studiavo in Europa mi sono abituato a minimizzare l'uso del colore o delle forme nelle mie opere, in quanto era impossibile esprimere l'impatto dello shock culturale, persino usando un monocolore. Il lavoro che ho fatto in Germania e in Francia corrisponde a una fase monocromatica, in quanto lo shock culturale che provavo era immenso. Gradualmente, man mano che mi familiarizzavo con l'America, ho cominciato a usare un po' di colore. Tuttavia, benché abbia deciso di stabilirmi a New York, sto di nuovo attraversando un periodo caotico in cui non riesco a usare nessun colore. Attualmente non do molta importanza all'uso del colore e delle linee; invece mi concentro a trovare un ordine interno e a esprimere il senso di squilibrio che provo nel dover affrontare nuovi ambienti.

MGM: Nel tuo lavoro mi sembra ci sia una sorta di rimpianto o di aspirazione a un'armonia perduta fra uomo e natura. Tu senti il richiamo verso questo tipo di armonia?
PK: Sono ancora ossessionato dalla natura e questa ossessione stimola la mia immaginazione con una ricca gamma di fantasticherie e sfide. Mi piacciono i grandi moti ondosi dell'oceano in tempesta, o anche una goccia d'acqua che dalle viscere della montagne fluisce lungo una gola, forma un fiume e si getta in mare. Quell'inizio e quella fine mi fanno sentire la maestosità di Madre Natura. Come qualcuno che è intrappolato nel gigantesco ciclo della natura, a volte mi chiedo: ma sono lo stesso di ieri? Di fronte a questo io sconosciuto che cambia in modo impercettibile e costante, mi ritrovo a fare i conti con il presente e con un passato a cui non potrò mai più tornare.

MGM: In una precedente intervista mi hai detto che il tuo incontro con l'Europa è stato uno shock. Perché?
PK: L'Europa che conoscevo attraverso i libri e la televisione era un mondo completamente diverso. Mi stupì scoprire che la storia dell'arte, la filosofia, la società, la politica, l'istruzione e tutto il resto partissero dal concetto di individualismo. Quando visitai i musei d'arte, e vidi le opere d'arte classiche, medievali, moderne e contemporanee che prima avevo solo visto sui libri, ricordo di essere caduto in uno stato di disperazione. Ho persino pensato di abbandonare l'arte. L'incontro con l'arte europea è stato un grande shock ma anche un trampolino di lancio verso nuove opportunità. Da lì è sorto il tentativo di esprimere ciò che non riuscivo a vedere anziché disegnare un oggetto in base a ciò che è visibile.

MGM: Chi sono gli artisti che hanno maggiormente influenzato il tuo lavoro? E in che modo?
PK: L'artista che mi interessava più di tutti era il genio del Surrealismo, Max Ernst. Mi ha insegnato a osservare la società in modo appassionato.

MGM: Molti artisti si sentono direttamente coinvolti nei processi di cambiamento sociale intervenendo per esempio nel campo dell'arte pubblica. Tu sei mai stato interessato a lavorare in quest'ambito?
PK: Penso che la società in cui viviamo oggi sia molto instabile, arida e materialista. È una società difficile da comprendere e può essere sottoposta a critica grazie agli artisti che elaborano nuove modalità di espressione. Lavorare con altri artisti e creare arte pubblica può essere interessante perché implica contribuire al cambiamento del modo di vivere.

MGM: Pensi che la bellezza possa salvare il mondo?
PK: Penso che la bellezza sia uno strumento per creare e distruggere cultura e rinnovare la vita. La storia dell'umanità ha visto evolversi lo standard di "bellezza" e questa ha sempre influenzato la società. È forse perché la "bellezza" può esistere solo nella società in cui si contestualizza?

my case, when I am working on my art, I experience a very joyful feeling when I am traveling to a time long past. So instead of feeling anguish, I am full of hope and anticipation as I imagine the birth of a new art work.

I think that the "ailing man" and the "creative mind" are all things within a cycle that are connected like some strange magnets in a wriggling conduit of some sort.

MGM: Your relationship with color has changed over the past few years. Monochromes seem to have replaced the pastel colors that you used before. How is that?

PK: While studying in Europe, I got into a habit of minimizing the use of color or forms in my work, as it was not possible to show the impact of the cultural shocks using even one color. The work that I created in Germany and France can be categorized to be in a monochrome phase, as the cultural shock was quite immense. Gradually, as I got more familiar with America, I started to use a bit of color. But, although I am settling into a life in New York, I am again in a chaotic period where I can't use any color. These days I am not putting much meaning on the use of color and lines, but am focusing on finding my internal order and expressing my unbalanced point of view while facing new environments.

MGM: In your work there seems to be a sort of regret or an aspiration to recover a lost harmony between man and nature. Do you aspire to achieve this kind of harmony?

PK: I'm still obsessed about nature and this obsession provides me with a wide range of imagination and things to challenge. I like gigantic rough oceans. A drop of water from somewhere deep in the mountain starts to flow through a ravine and forms a river and eventually gets to the sea, and from that start and finish, I experience the magnificence of great Mother Nature. As one who is trapped within the giant recycling framework of nature, I ask myself sometimes, am I the same self from yesterday? Dealing with this unfamiliar self

that is changing in minute ways all the time, I face the present time that I can never go back to again.

MGM: In a previous interview you told me that your first contact with Europe was a shock. Why?

PK: The Europe that I only knew from books and TV was a whole another world. I was quite surprised to know that art history, philosophy, society, politics, education and all else started from individualism. While visiting art museums where I got to see to the classical, medieval, modern, and contemporary art works that I only saw from art history books, I recall going through a period of despair where I thought about quitting art. The encounter with European art was a huge shock as well as a platform for new opportunities for me. One huge change to my creative activities was my attempt to express things that I couldn't see rather than drawing an object based on what is visible.

MGM: What are the artists that have influenced your work the most? And in what way?

PK: The artist I was interested in the most was the giant in Surrealism, Max Ernst. He taught me how to observe society with an impassionate point of view.

MGM: Many artists feel directly involved in the process of social change, for example by contributing to public art. Have you ever been interested in working in this field?

PK: I think the society that we live in today is very unstable, dry and materialistic. As such, a society that can be hard to understand has been uncovered to criticism with the help of the artists who created this new way of expression. To work with artists that I do not know and creating public art can be interesting because it means contributing to influencing how individuals live within a society.

MGM: Do you think that beauty can save the world?

PK: I think beauty is a tool that ensures the creation and destruction of culture, which invigorates life. Human history has an evolving standard on "beauty," and as you can see "beauty" influenced society as such. Is it because "beauty" can only exist within the society that it is found in?

UNTITLED
2015
olio su tela
oil on canvas
127 × 203 cm
50 × 80 in

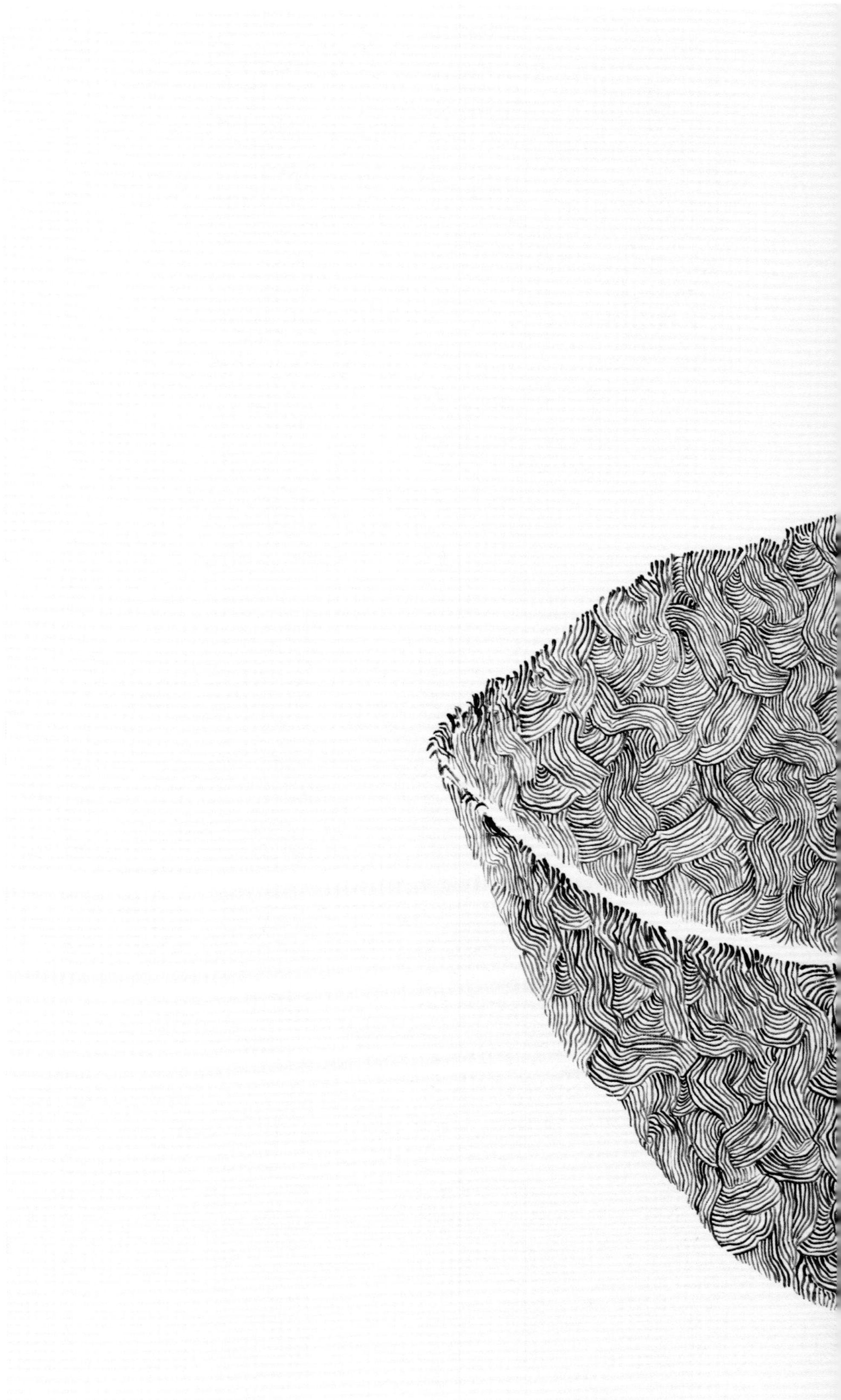

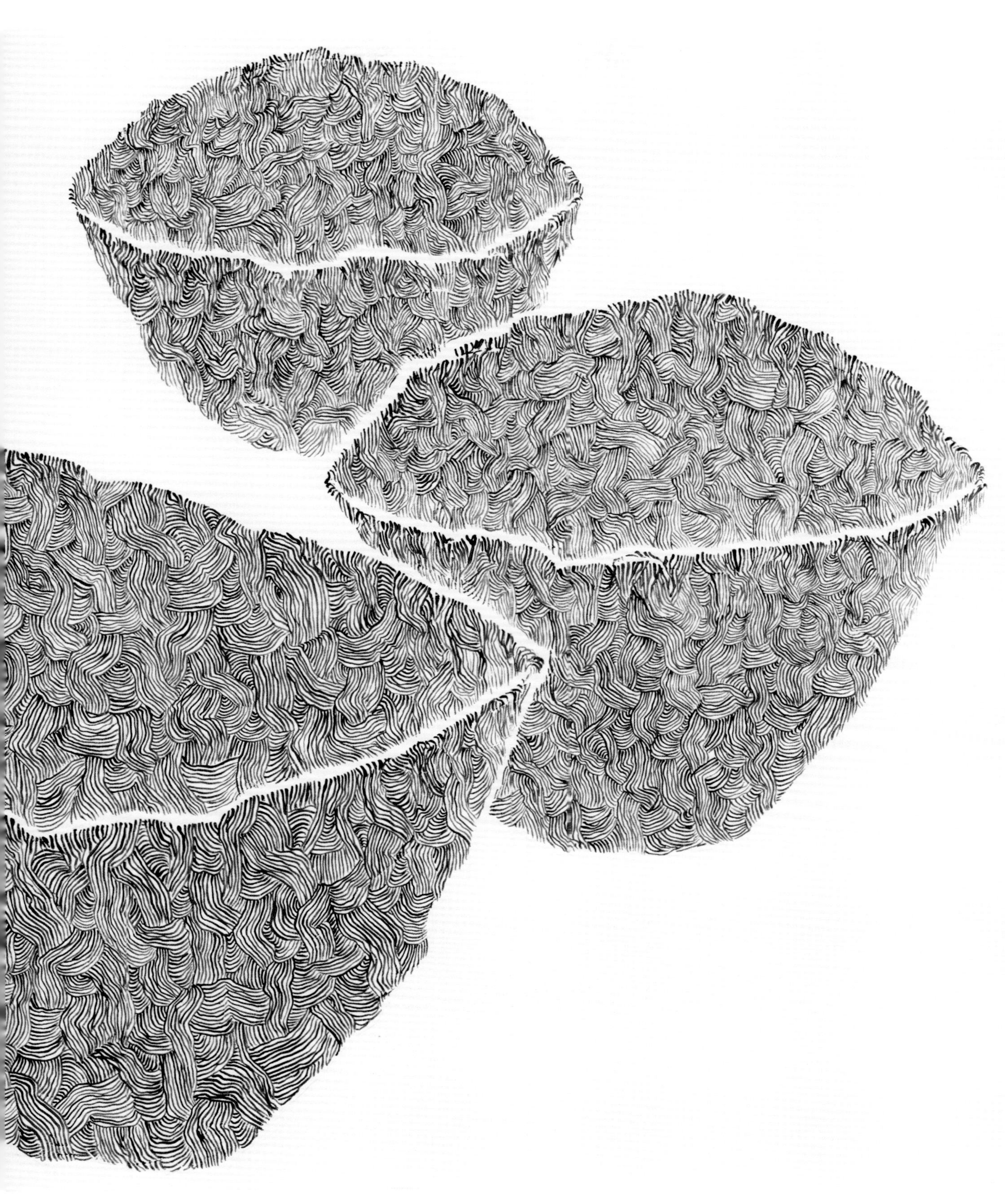

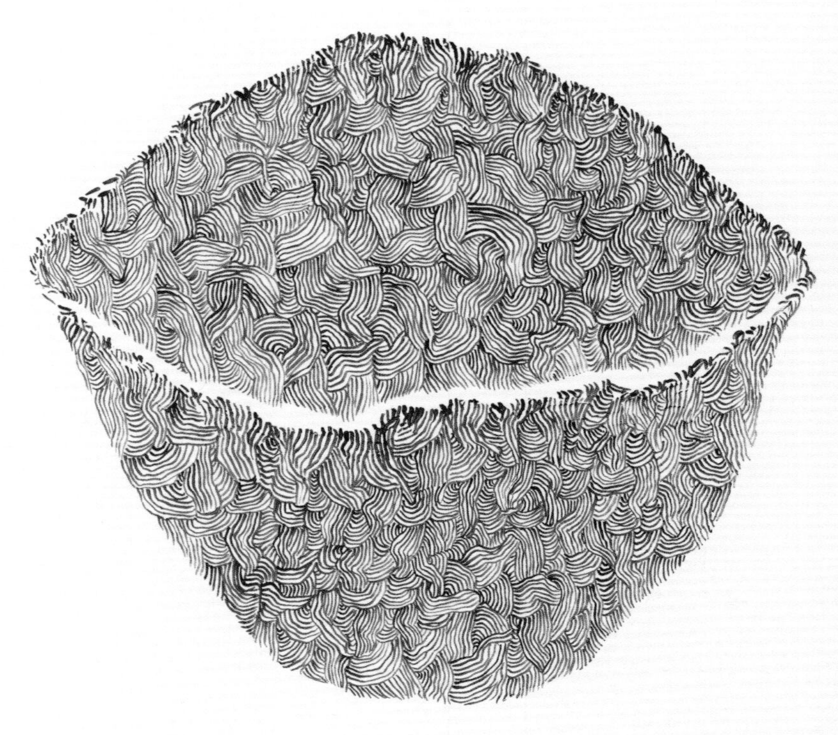

UNTITLED
2015
olio su tela
oil on canvas
127 × 203 cm
50 × 80 in

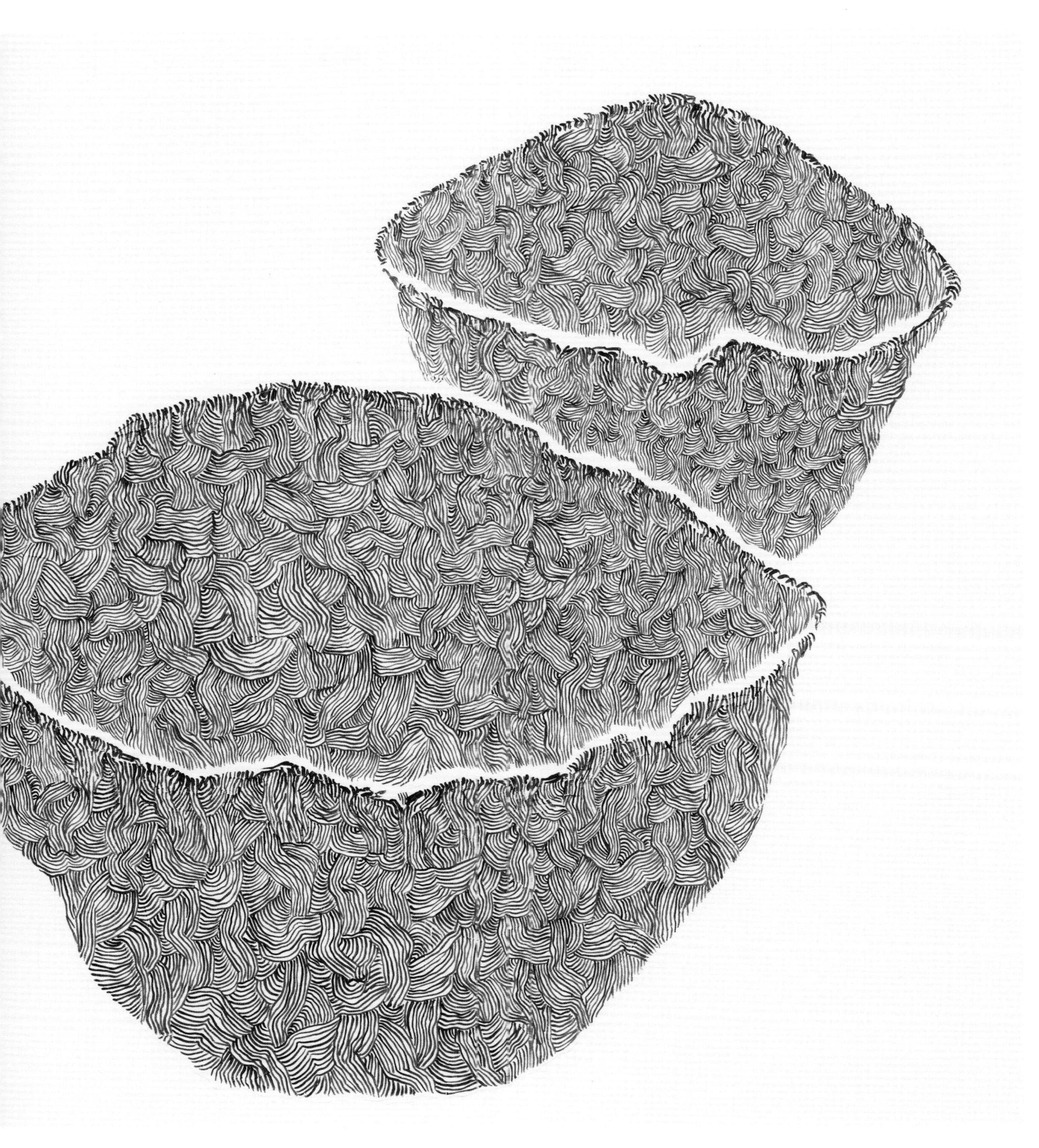

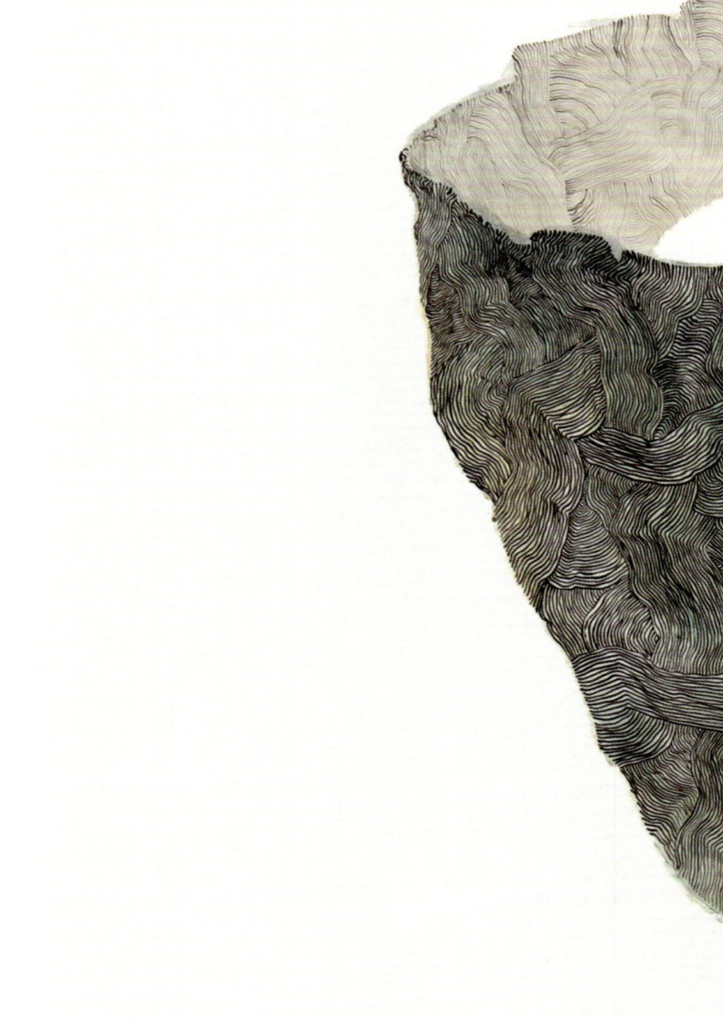

UNTITLED
2015
olio su tela
oil on canvas
215 × 400 cm
85 × 157½ in

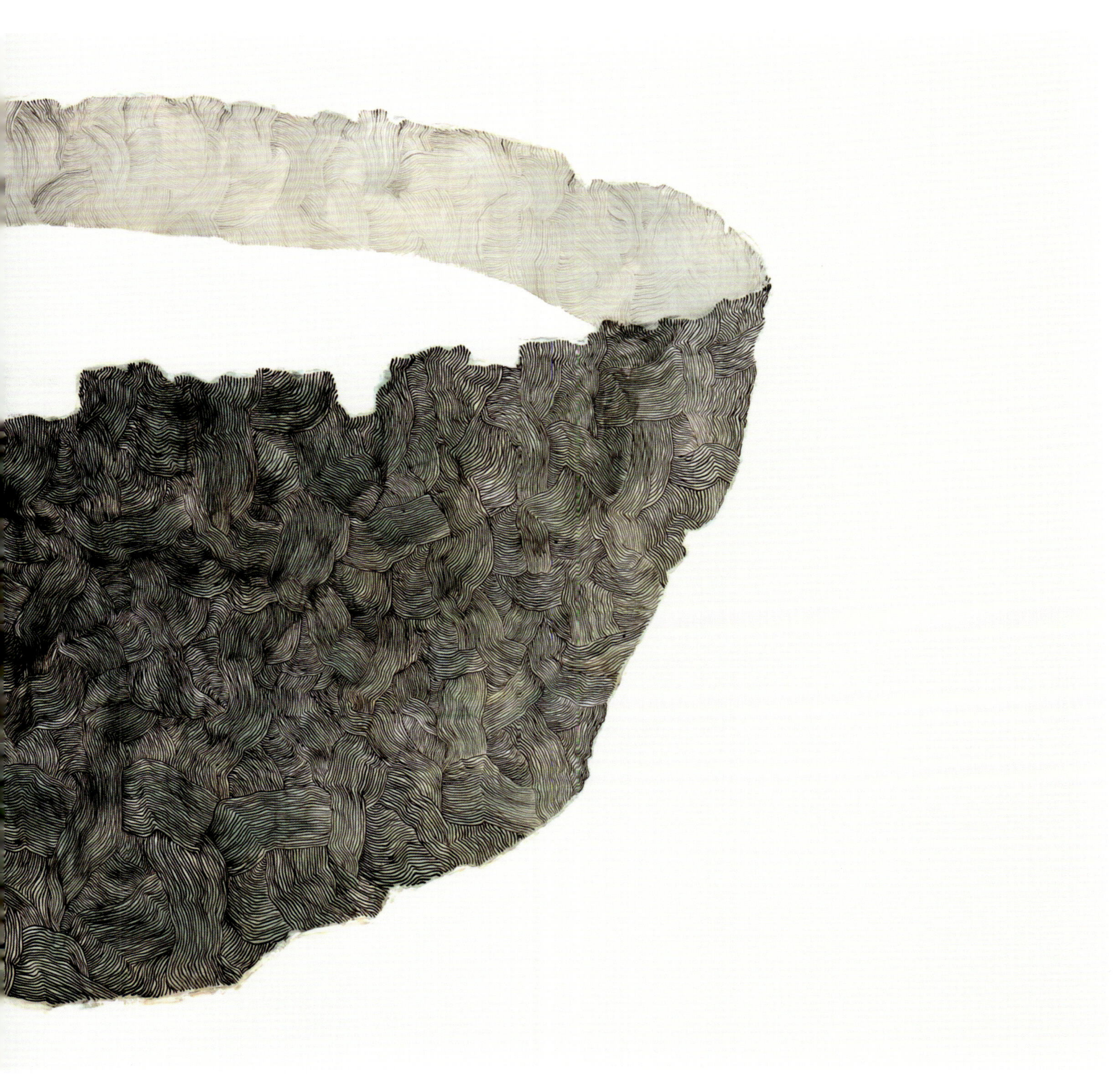

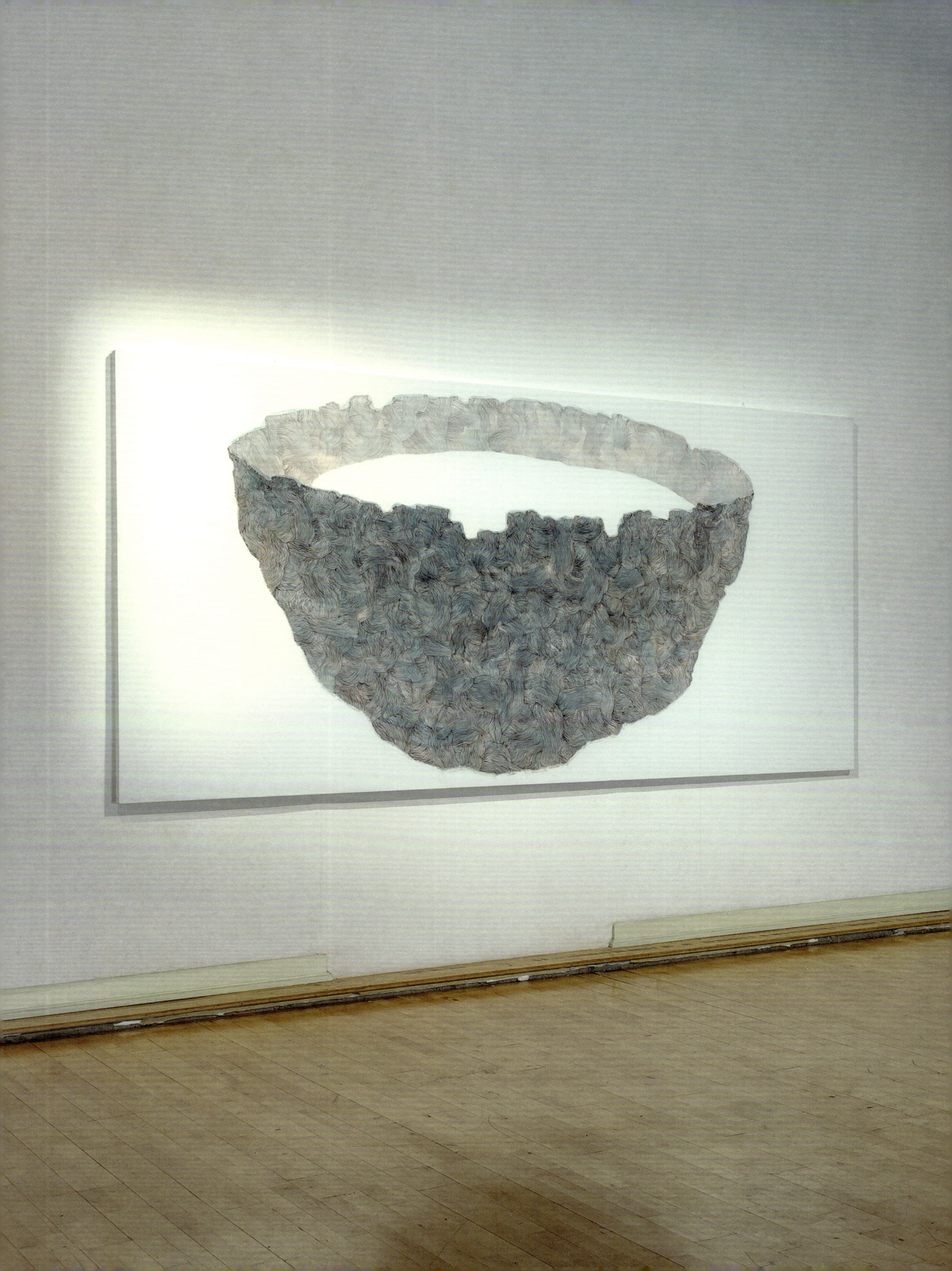

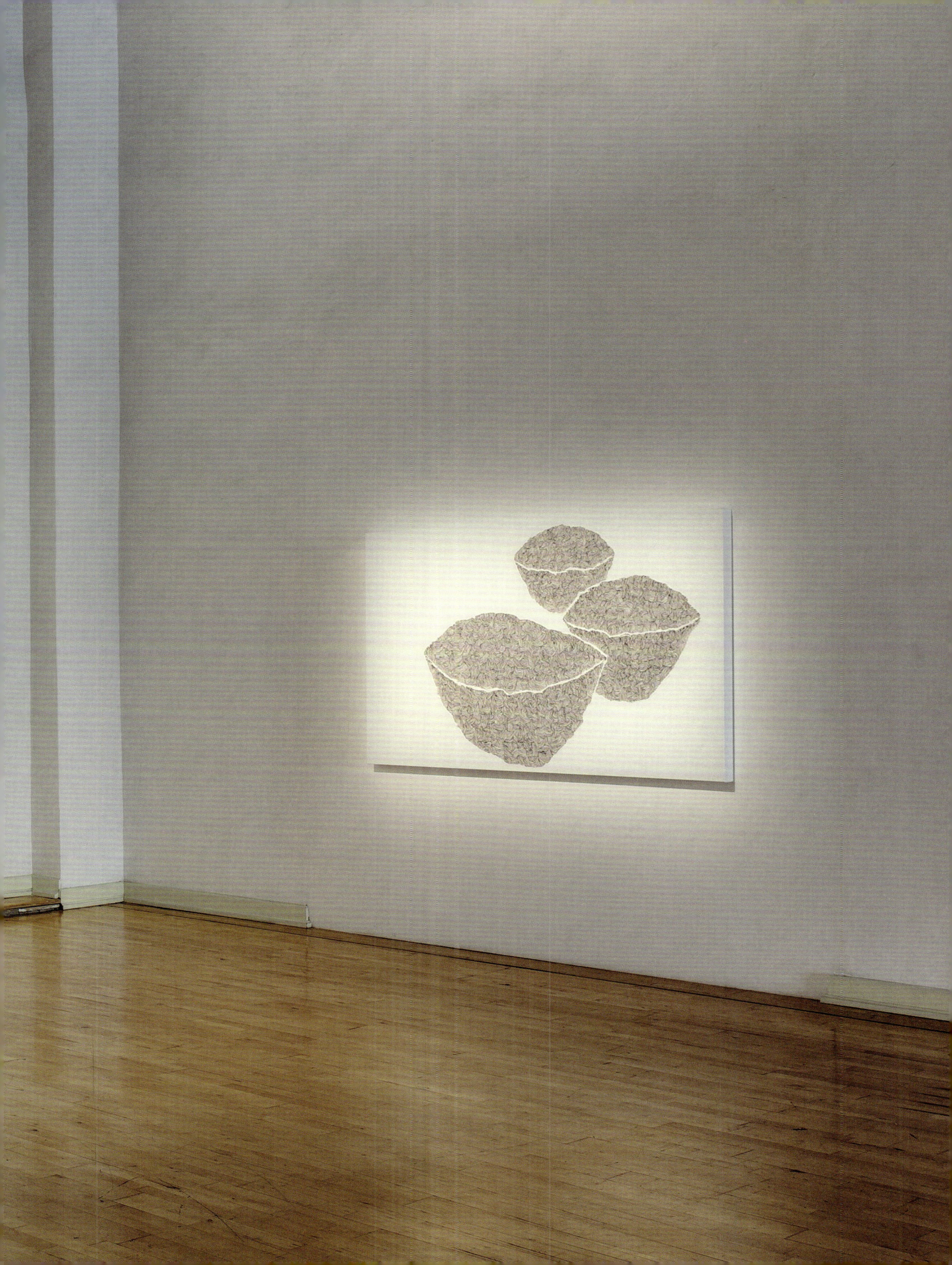

UNTITLED
2015
olio su tela
oil on canvas
203 × 127 cm
80 × 50 in

UNTITLED
2015
olio su tela
oil on canvas
203 × 127 cm
80 × 50 in

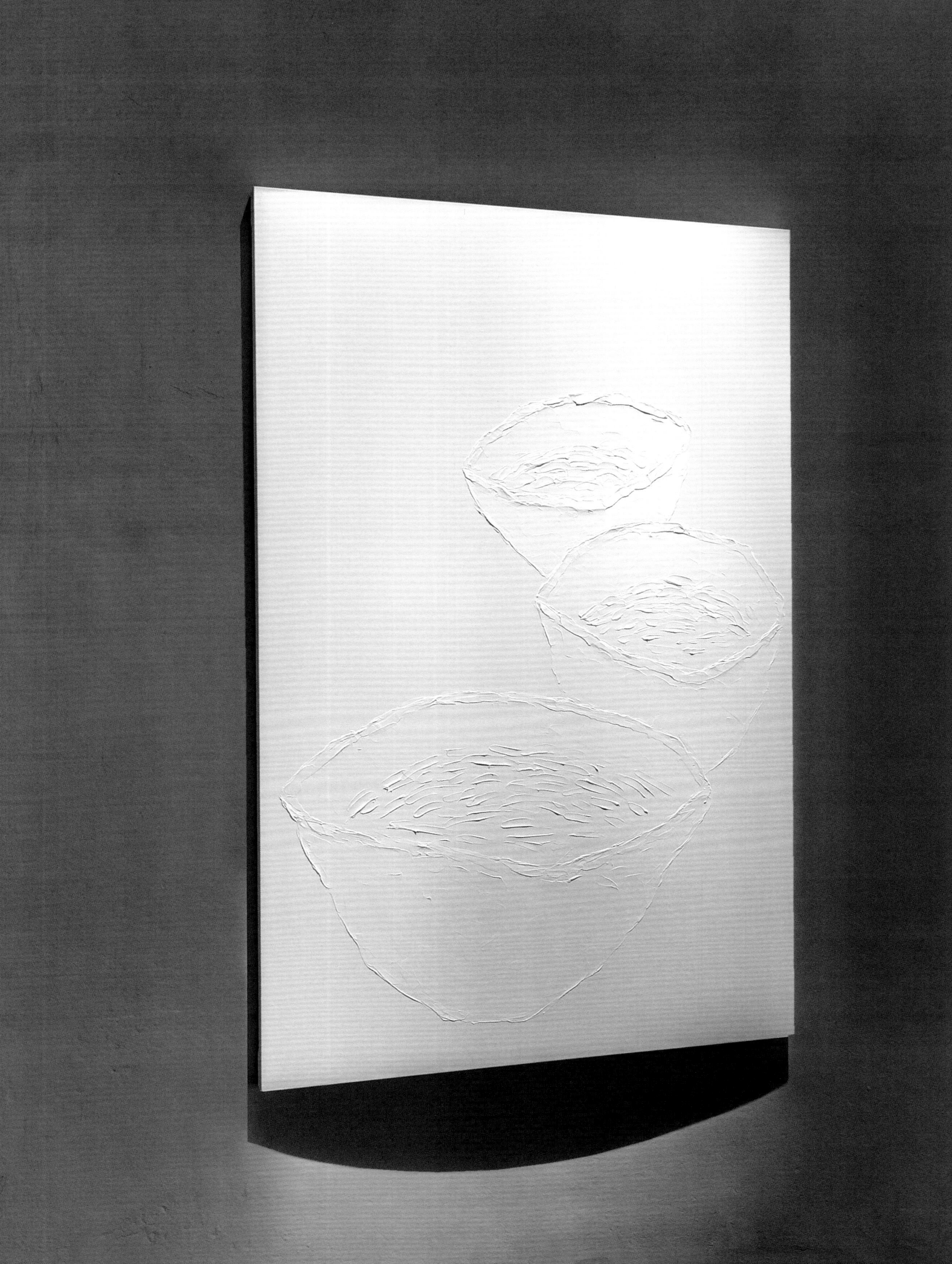

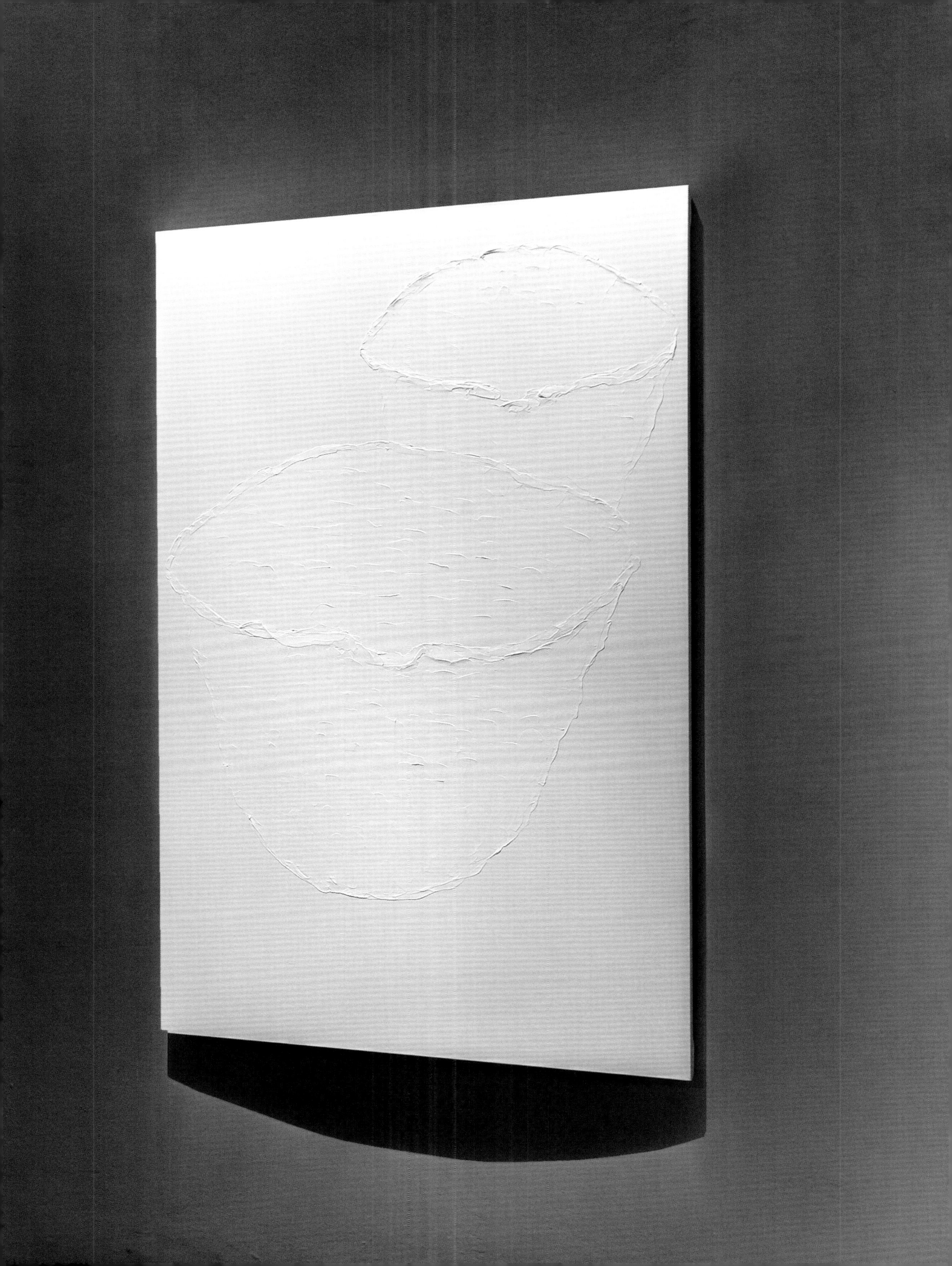

UNTITLED

2016
olio su tela
oil on canvas
152 × 122 cm
60 × 48 in

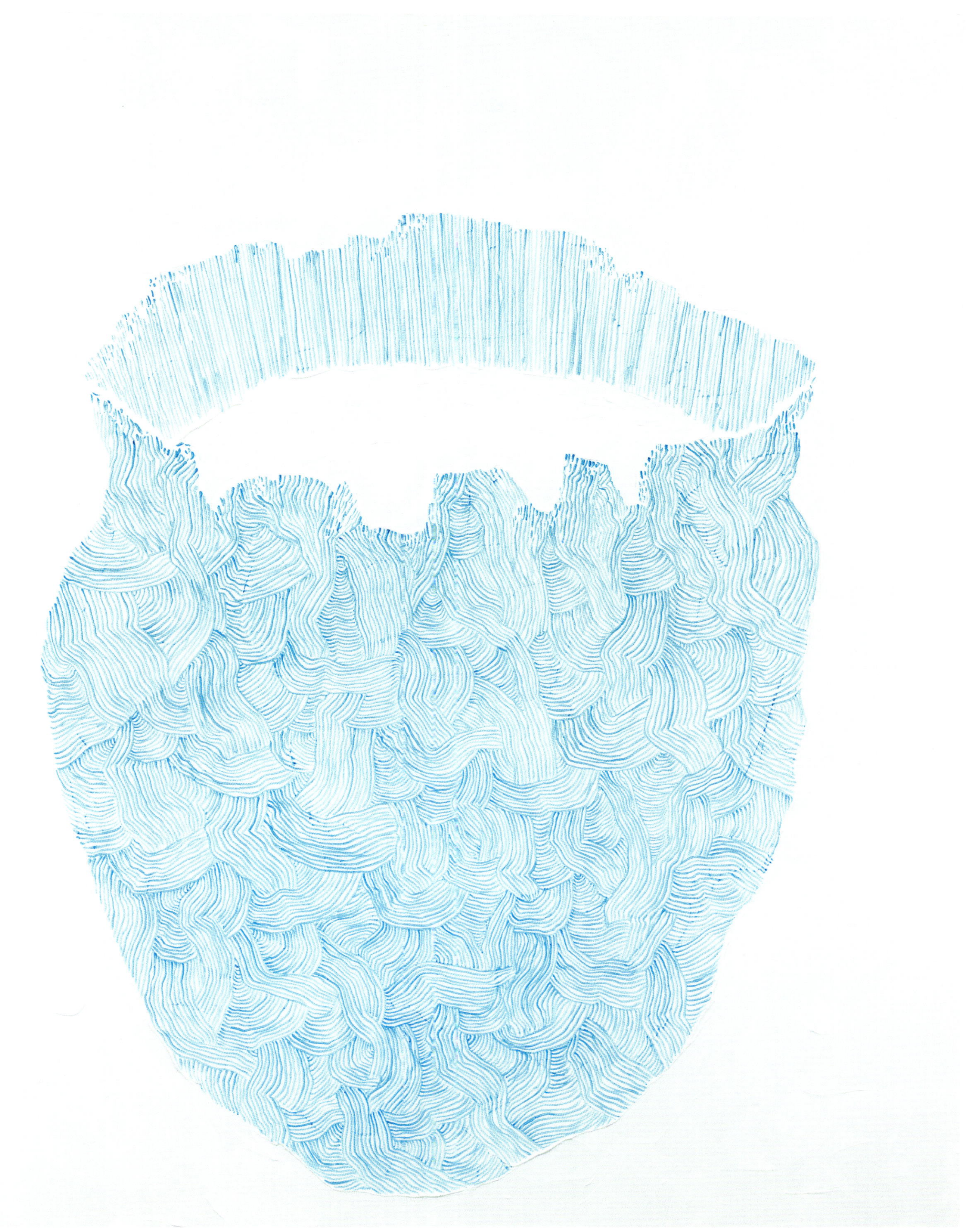

UNTITLED
2016
olio su tela
oil on canvas
152 × 122 cm
60 × 48 in

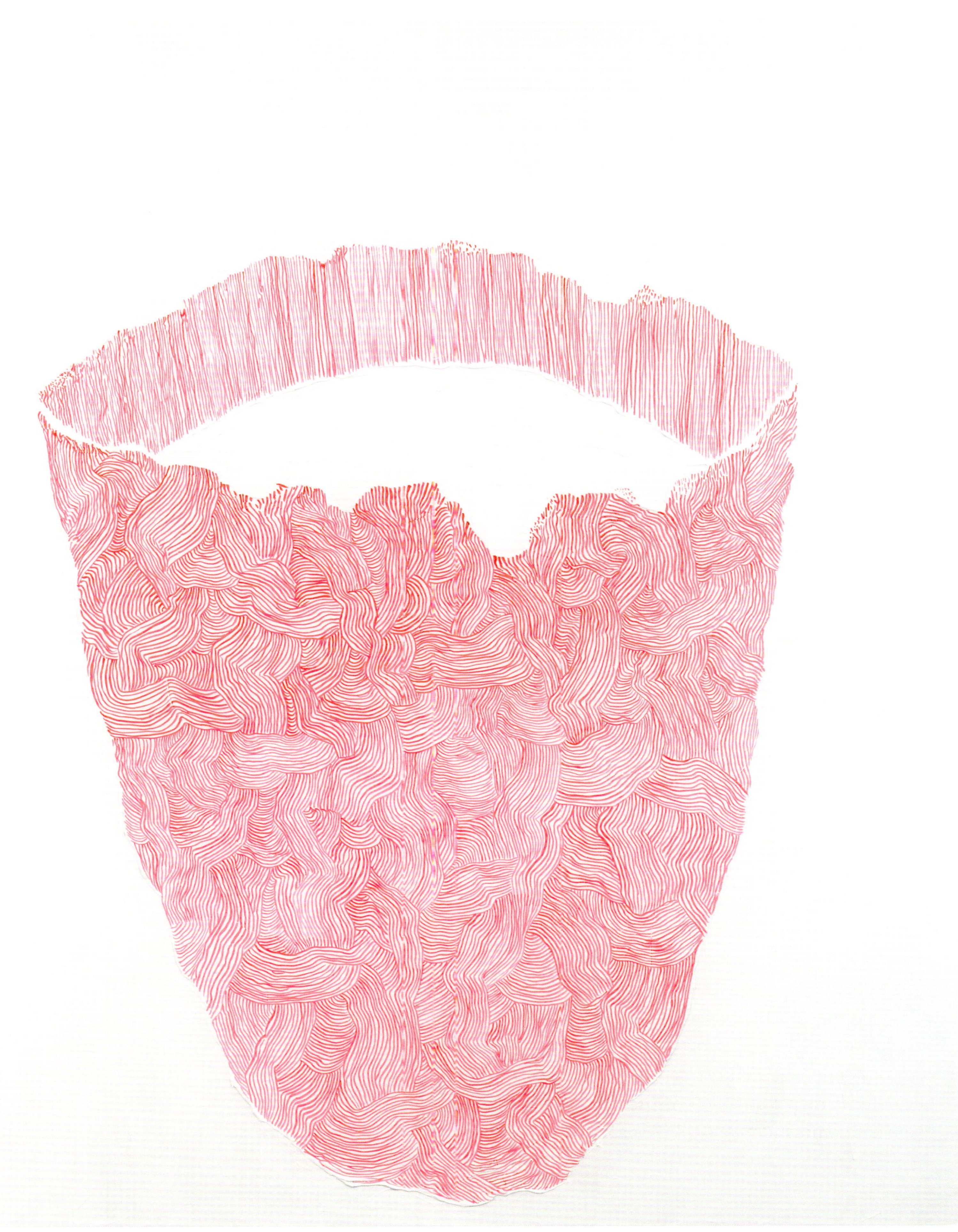

disegni a penna che Peter Kim ha realizzato durante un soggiorno a Londra alla fine del 2016 possono essere interpretati come elaborazioni dell'interesse formale dell'artista per la linea e l'articolazione dello spazio. Su ogni foglio di carta si osservano vasi o contenitori di misure diverse, molti dei quali in vari stati di degrado. Si presentano da soli o in coppia, e ognuno riempie solo una piccola parte della superficie bianca del foglio. La maggior parte dei disegni è nera, mentre alcuni sono realizzati in un rosa kitsch acceso: un colore fluorescente che rende ancora più ambiguo il significato dei vasi.

La composizione di ogni vaso è complessa. Per Kim il disegno può essere paragonato alla tessitura. Ogni serie di linee sembra essere disegnata sopra o sotto un'altra serie, come i fili di ordito e trama di un tessuto. Anziché essere intessuti a trama fitta, i vasi sono composti da fili aperti e i corpi non sono mai rilegati da un contorno. Così lo spazio vuoto può esercitare una pressione materiale, un effetto evidenziato dall'accumulo di inchiostro al termine delle linee che circondano l'orlo di ogni vaso, disegnate con una serie di tratti svelti verso il basso. L'enfasi è sulla materialità paradossale dello spazio vuoto o, per esattezza, sulla materialità paradossale del supporto dei disegni, mentre si appanna la distinzione tra primo piano e sfondo, contenitore e contenuto, fatto e sfatto. Lo stato dei disegni si complica ulteriormente quando i vasi sembrano sul punto di disintegrarsi. In queste opere non sembra rompersi solo il vaso, ma anche il processo di rappresentazione stesso, là dove le linee si polverizzano in una serie di punti statici.

Durante una visita recente nel suo studio Kim ha parlato dell'influenza del filosofo Martin Heidegger sui paradossi rappresentati da queste opere. In *Das Ding*

The series of pen drawings produced by Peter Kim during his stay in London in late 2016 can be seen as elaborations of the artist's formal concerns with line and the articulation of space. On each sheet of paper are differently sized vessels or containers, several of which exist in various states of degradation. They are drawn alone or in pairs, each figure filling only a small part of the page's white surface. Most of the drawings are black, while some are made in a bright, kitsch pink, a colour that fluoresces and makes the status of the vessels only more ambiguous.

The composition of each vessel is complex. The process of drawing seems, for Kim, to be akin to weaving. Each set of lines looks like it has been drawn above or below another set of lines, like the warp and weft of a fabric. Yet rather than being tightly woven, the vessels are made out of a series of loose ends, their bodies never bounded by an outline. In this way empty space is allowed to exert a material pressure, an effect that is stressed by the accumulation of ink at the end of the lines that surround each vessel's rim, which were drawn in a series of swift downward strokes. This emphasises the paradoxical materiality of empty space, or, to be more precise, the paradoxical materiality of the drawings' support, while also working to undo the distinction between figure and ground, container and contained, the made and the unmade. The status of these drawings is further complicated when the vessels appear on the brink of disintegration. In these works it is not only the vessel that seems to break apart but the process of representation itself, lines pulverised into a series of static points.

During a recent studio visit Kim spoke about the importance of the philosopher

(la cosa), un saggio nato come materiale didattico poco dopo la Seconda Guerra mondiale, Heidegger descrive come la cosa, rispetto all'oggetto rappresentato, prescinda dalle conoscenze scientifiche. Affronta l'argomento con un esempio legato direttamente ai disegni di Kim, un vaso di ceramica fatto a mano, notando come, se nel vaso si versasse un liquido, non sarebbero il fondo o i lati dell'oggetto a contenerlo, ma il suo vuoto. Si può dire lo stesso per il processo di manifattura. "Dall'inizio alla fine – scrive – il vasaio tiene in mano il vuoto impalpabile e dà vita al contenitore sotto forma di vaso contenitivo"[1]. Ciò che importa non è la materialità del vaso, ma il modo in cui il materiale racchiude il vuoto, ovvero il paradosso che a svolgere l'azione di contenimento è il vuoto, e non il vaso. Per Heidegger è questo che distingue il vaso come cosa dal vaso come oggetto di conoscenza scientifica.

Un tentativo simile di rivolgersi al vaso come cosa si ritrova nei disegni di Kim. Come il vasaio di Heidegger, l'artista utilizza le linee per "dare forma al vuoto"[2], producendo uno spazio paradossale che è sia vuoto che pieno, luminoso e opaco. Così facendo, allo spazio vuoto viene data una funzione; il vuoto "prende forma allo scopo di contenere"[3]. È come se ogni linea non delineasse uno spazio vuoto, ma vi si spingesse contro, rendendolo visibile e sostanziale; oppure, per contro, è come se lo spazio vuoto tenesse sia unite che separate le linee che compongono il vaso. Questi paradossi donano un carattere enigmatico ai vasi. I disegni di Kim non ci consentono di vedere i vasi dall'esterno, per così dire, come oggetti di conoscenza o oggetti utili, ma puntano all'interiorità misteriosa dell'oggetto stesso. Nel suo saggio, Heidegger sostiene che la razionalità dei giorni nostri tende a occludere questa dimensione del mondo. Sebbene ci dia un senso di obiettività, la tendenza a strumentalizzare la nostra relazione con gli oggetti ci allontana dall'essenza delle cose. Ecco spiegato il motivo di una dimensione nostalgica nella nozione di "cosa" di Heidegger, una dimensione che si può riconoscere anche nei disegni di Kim, i quali possono essere interpretati come tentativo di recuperare un'intimità perduta, quella che a volte Heidegger chiama "vicinanza"[4].

Qual è, allora, la natura di questa perdita nei disegni di Kim? E come giustifichiamo il loro carattere nostalgico? In una serie di disegni precedente, l'artista esplora la figura umana. Le opere sono pervase da corpi indigenti e androgini, a volte ammucchiati uno sopra l'altro. I corpi sembrano essere in un limbo e condividere alcune delle angustie e dei pathos associati alla filosofia esistenziale di Heidegger. Tuttavia gli scritti del filosofo risalgono alla Seconda Guerra mondiale, dopo l'avvento della bomba atomica, e, sebbene sostenga che l'esperienza di alienazione diffusa da questi eventi catastrofici si sia formata, in realtà, con lo sviluppo della scienza e delle nuove tecnologie – la scienza "ha annientato le cose come cose molto prima dell'esplosione della bomba atomica"[5], dichiara Heidegger – in un periodo assai precedente, è difficile separare il pensiero di Heidegger dalla storia traumatica dell'Europa a metà del XX secolo. Lo stesso si può dire per lo scrittore Samuel Beckett, la cui esplorazione della

1 Martin Heidegger, *The Thing*, in *Poetry, Language, Thought*, trad. Albert Hofstader, Harper & Row, New York 1971, p. 169.
2 *Ibid.*
3 *Ibid.*, p. 168.
4 *Ibid.*, *passim.*
5 *Ibid.*, p. 168.

Martin Heidegger to the paradoxes played out in these works. In "The Thing," an essay first presented as a lecture shortly after the end of the Second World War, Heidegger describes how the thing, as opposed to the represented object, eludes scientific knowledge. He begins his argument with an example directly related to Kim's drawings, a hand-made ceramic vessel, noting how, if a liquid is poured into the vessel, it is not the bottom or the sides of the object that do the containing but its emptiness. The same is said for the process of making. "From start to finish," he writes, "the potter takes hold of the impalpable void and brings it forth as the container in the shape of a containing vessel."[1] On this view what is important is not the materiality of the vessel so much as the way in which that material encloses a void, the paradox being that it is the void that does the holding and not the vessel. For Heidegger this is what distinguishes the vessel as thing from the vessel as object of scientific knowledge.

A similar attempt to reach the vessel as thing seems to be found in Kim's drawings. Like Heidegger's potter, the artist uses lines to "shape the void,"[2] producing a paradoxical space that is both empty and full, luminous and opaque. In this way empty space is given agency; it "gathers itself for the task of containing,"[3] to use Heidegger's terms. It is as if each line did not delineate empty space so much as push up against it, making it visible and substantial; or, conversely, it is as if empty space held the lines that make up the vessels both together and apart. These paradoxes lend the vessels an enigmatic character. Kim's drawings do not allow us to view the vessels from the outside, so to speak, as objects of knowledge or as objects of use, but point instead towards their mysterious inwardness as things. In his essay Heidegger argues that modern day rationality tends to occlude this dimension of the world. While it provides us with a sense of objectivity, the tendency to instrumentalise our relation to objects distances us from the essence of things. This explains why there is a nostalgic dimension to Heidegger's notion of the thing, a dimension that may also be present in Kim's vessel drawings, which could be seen as attempts to recover a lost intimacy, what Heidegger sometimes refers to as "nearness."[4]

What, then, is the nature of this loss in Kim's drawings? And how are we to account for their nostalgic character? In an earlier set of drawings the artist explored the human figure. These works are filled with destitute, androgynous bodies, sometimes piled up on top of each other. The bodies seem to exist in a state of limbo, sharing some of the angst and pathos associated with Heidegger's existential philosophy. Yet the philosopher was writing after the Second World War and in the wake of the atomic bomb; and while he argues that the experience of alienation heralded by these catastrophic events was in reality achieved much earlier by the development of science and new technologies – science "annihilated things as things long before the atom bomb exploded,"[5] he declares – it would be difficult for Heidegger's thought to be separated from the traumatic history of mid-twentieth-century Europe.

1 Martin Heidegger, "The Thing," in *Poetry, Language, Thought*, translated by Albert Hofstader (New York: Harper & Row, 1971), p. 169.
2 *Ibid.*
3 *Ibid.* p.168
4 *Ibid.*, *passim*.
5 *Ibid.*, p. 168.

condizione umana, per quanto interessante, non può essere compresa senza tenere in considerazione l'avvento del fascismo tedesco e dell'olocausto, eventi che hanno dato spunto a domande importanti sull'arte e la sua relazione con i traumi e la rappresentazione storica (il filosofo Theodor W. Adorno aveva in mente Beckett quando dichiarò che, dopo Auschwitz, non si sarebbe più potuto scrivere poesie)[6]. Analogamente, sebbene le figure umane nei disegni di Kim, emblemi forse di un'esperienza di alienazione generalizzata nel capitalismo globale, abbiano un fascino quasi universale, è difficile separarle dalla storia sudcoreana recente. I corpi umani in queste opere sembrano presentare un problema ontologico e rappresentazionale, come se il passato che ha portato a questa condizione si rifiutasse di essere rappresentato o narrato, così come accade spesso con gli eventi traumatici, siano essi personali o storici. Il paradosso è che il peso che la storia ha su queste figure è dovuto alla sua evidente assenza. Mancano infatti i riferimenti diretti ai traumi irrisolti del passato recente della Corea del Sud: l'occupazione giapponese, la Guerra di Corea, le dittature militari e il massacro di Gwangju del maggio 1980, quando studenti e civili furono brutalmente repressi durante una protesta contro l'imposizione della legge marziale.

Alla luce di tutto ciò è facile notare come i disegni dei vasi di Kim rievochino le ceramiche coreane tradizionali. A differenza delle controparti giapponesi, che cercano di ottenere una simmetria ideale ma artificiale, le ceramiche coreane sono famose per le irregolarità e le imperfezioni che rivelano il processo di manifattura. Sono spesso coperte da una serie di linee o punti, come se il tempo avesse lasciato un segno indelebile sulle superfici. Questi manufatti sono carichi di storia. Sebbene alcuni si trovino ancora in Corea, molti sono passati in mano al Giappone durante l'occupazione, dal 1910 al 1945. Questo atto di espropriazione culturale rimane oggetto di contenzioso, in parte per le tendenze revisioniste del Giappone e la sua incapacità di confrontarsi con il suo passato coloniale. Come le tristi figure umane di Kim, in apparente stato di amnesia collettiva, i disegni dei vasi possono essere interpretati come esplorazioni del problema della testimonianza storica e della capacità dell'arte di fungere da testimone. Questa linea di pensiero è rafforzata dai vasi che sembrano essere sul punto di rompersi. Come già osservato, ciò che importa in questi disegni non è il solo fatto che i vasi si polverizzino, ma che il processo di rappresentazione stesso abbia raggiunto il punto di rottura. I disegni dei vasi sembrano di fronte a un dilemma, a metà strada tra la creazione e la distruzione, la memoria e il dimenticare, il ricordo del passato e la sua cancellazione.

Ciò non intende suggerire che i disegni di Kim siano riducibili a questi periodi storici particolari. Come suggerisce il critico d'arte Richard Vine in un saggio recente, le opere dell'artista fanno parte di un dialogo complesso con la storia dell'arte, dalle statue *moai* su Easter Island ai disegni a muro di Sol LeWitt. E il suo lavoro suscita un interesse che va al di là di questi eventi traumatici. Tuttavia, guardare i disegni di Kim alla luce della storia sudcoreana recente conferisce

6 Theodor W. Adorno, *Prisms*, trad. Shierry Weber Nicholsen e Samuel Weber, MIT Press, Massachusetts, 1992, p. 34 e *passim*.

The same can be said for a writer such as Samuel Beckett, whose exploration of the human condition, however wide its appeal, cannot be understood without an acknowledgment of the rise of German fascism and the Holocaust, events that raised important questions about art and its relation to trauma and historical representation (it was with Beckett in mind that the philosopher Theodor W. Adorno famously declared that poetry could not be written after Auschwitz).[6] Similarly, while the human figures in Kim's drawings have an almost universal appeal, emblems perhaps of a generalised experience of alienation in global capitalism, it would be difficult to distance them from South Korea's recent history. The human bodies in these works seem to pose an ontological and representational problem, as though the past that led to this condition refused to be represented or narrated, as is often the case with traumatic events, whether personal or historical. The paradox is that, if history weighs so heavily upon these figures, it is because of its conspicuous absence. Missing are any direct references to the unresolved traumas in South Korea's recent past: the Japanese occupation, the Korean war, the military dictatorships and the Gwangju Massacre that took place in May 1980, where students and civilians protesting against the imposition of martial law were brutally suppressed.

On this view it is suggestive that Kim's vessel drawings should be redolent of traditional Korean pottery. Unlike their Japanese counterparts, which seek to attain an ideal but artificial symmetry, Korean ceramics are famous for their irregularities and imperfections, which reveal the processes of their making. They are often covered in a series of lines or points, as if time had literally been inscribed onto their surfaces. These artefacts have a fraught history. Though some remain in Korean possession many were appropriated by Japan during the occupation of Korea from 1910 to 1945. This act of cultural dispossession remains highly contentious, partly because of Japan's revisionist tendencies and its inability to confront its colonial past. Like Kim's forlorn human figures, then, which seem to exist in a state of collective amnesia, the vessel drawings can be seen as explorations of the problem of historical testimony and art's capacity to bear witness. This line of thinking seems reinforced by the vessels that appear on the brink of dissolution. As has already been noted, what is important in these drawings is not only that the vessels turn to dust but that the process of representation itself has reached breaking point. The vessel drawings seem to exist in a double bind, caught between creation and destruction, memory and forgetting, the recollection of the past and its obliteration.

This is not to suggest that Kim's drawings are reducible to these particular histories. As the art critic Richard Vine has suggested in a recent essay, the artist's works enter into a complex dialogue with the history of art, from the *moai* statues on Easter Island to Sol LeWitt's wall drawings. And his work has an appeal that transcends these traumatic events. Yet to see Kim's drawings in the light of South Korea's recent history lends the artist's explorations of things (in Heidegger's

6 Theodor W. Adorno, *Prisms*, translated by Shierry Weber Nicholsen and Samuel Weber (Massachusetts: MIT Press, 1992), p. 34 and *passim*.

una dimensione etica e politica all'esplorazione delle cose (nel senso dato da Heidegger) dell'artista, che altrimenti sarebbe assente. La pratica di Kim potrebbe essere confrontata, per esempio, a quella della scrittrice di romanzi sudcoreana Han Kang, che nel suo romanzo recente, *Human Acts* (2014), dà voce alle vittime e ai sopravvissuti del massacro di Gwangju. Come i disegni di Kim, il romanzo si rifiuta di sensazionalizzare questo evento o di offrire giudizi morali, esplorando invece l'impatto che ha avuto, e continua ad avere, sull'individuo e sulla psiche collettiva. Un personaggio, per esempio, si vergogna di essere sopravvissuto al massacro, mentre un altro, rimasto ucciso, ritorna come anima capace di conversare con la carne in putrefazione del suo vecchio corpo. "Non c'è modo di tornare al mondo prima della tortura", dichiara il narratore. "Non c'è modo di tornare al mondo prima del massacro"[7]. Tuttavia, se il trauma storico non può essere superato o soppiantato, la vicenda narrata non è pessimistica. Essa comporta una forte meditazione sulla relazione tra memoria, storia e il dimenticare, oltre al significato di sopravvivenza e della possibilità di redenzione. Se la si guarda da questa prospettiva, non sorprende che una delle ultime mostre di Kim fosse intitolata *Visual Mantra* (mantra visivo). Il mantra è una parola che si ripete diverse volte durante la meditazione per creare un'esperienza di unione con il mondo. In altre parole, la ripetizione del mantra rappresenta un tentativo di restituire e recuperare una forma di "vicinanza", per usare un termine di Heidegger. Tuttavia, la logica della ripetizione è intrappolata in un dilemma. Senza ripetizione siamo persi, è alla base di tutta la memoria e, tuttavia, ci possiamo anche perdere nella ripetizione. Ripetere una parola o un gesto troppo spesso può causarne la perdita di significato. La parola o il gesto si dimenticano. E l'aspetto più significativo dei disegni di Kim è forse proprio questo dilemma, che interseca opposti come la memoria e il dimenticare, la perdita e la restituzione, la creazione e la distruzione. La ripetizione Potrebbe anche spiegare il carattere nostalgico, il senso del passato che non può più essere recuperato e che, attraverso l'arte che assiste alla catastrofe e trasforma la nostra percezione della stessa, non può restituire interezza alle cose. Dopotutto, il termine nostalgia deriva dal greco *nostos*, ritorno, e *algos*, dolore. Il significato letterale di nostalgia, quindi, è collegato al dolore e all'impossibilità di tornare a casa.

[7] Han Kang, *Human Acts*, trad. Deborah Smith, Portobello Books, London 2016, p. 45.

sense of the word) and of the human figure an ethical and political dimension that might otherwise be absent. On this view Kim's practice could be situated alongside the great South Korean novelist Han Kang, for example, who, in her recent novel *Human Acts* (2014), lends voice to the victims and survivors of the Gwangju Massacre. As with Kim's drawings, the novel refuses to sensationalise this event or to offer moral judgements, exploring instead the impact it had, and continues to have, on the individual and collective psyche. One character, for instance, feels shame at having survived the massacre, while another, who was killed, returns as a soul able to converse with the rotting flesh of his former body. "There is no way back to the world before the torture," the narrator states. "No way back to the world before the massacre."[7] And yet, if historical trauma can never be overcome or superseded, the story is not a pessimistic one. It comprises a powerful meditation on the relation between memory, history and forgetting, as well as the meaning of survival and the possibility of redemption.

When seen from this perspective, it is telling that one of Kim's last exhibitions was called *Visual Mantra*. A mantra is a word that is repeated numerous times while meditating, leading to an experience of oneness with the world. In other words, the repetition of a mantra comprises an attempt at restitution, an attempt to recover a form of "nearness," to recall Heidegger's term. Yet the logic of repetition is also caught in a double bind. We are lost without repetition. It is the basis of all memory. And yet we can also become lost in repetition. Repeat a word or gesture too often and it loses its meaning. It forgets itself. And it is perhaps this double bind, which makes oppositions such as memory and forgetting, loss and restitution, creation and destruction, slide into one another, that is the most powerful aspect of Kim's drawings. It may also account for their nostalgic character, the sense that the past can never be recovered and that, though art can bear witness to catastrophe and transform our perception of it, it can never make things whole again. After all, the term nostalgia stems from the Greek "*nostos*," return home, and "*algos*," pain. The literal meaning of nostalgia, then, has to do with the pain at not being able to return home.

7 Han Kang, *Human Acts*, translated by Deborah Smith (London: Portobello Books, 2016). p.45

UNTITLED
2016
penna su carta
pen on paper
40,6 × 30,5 cm
16 × 12 in

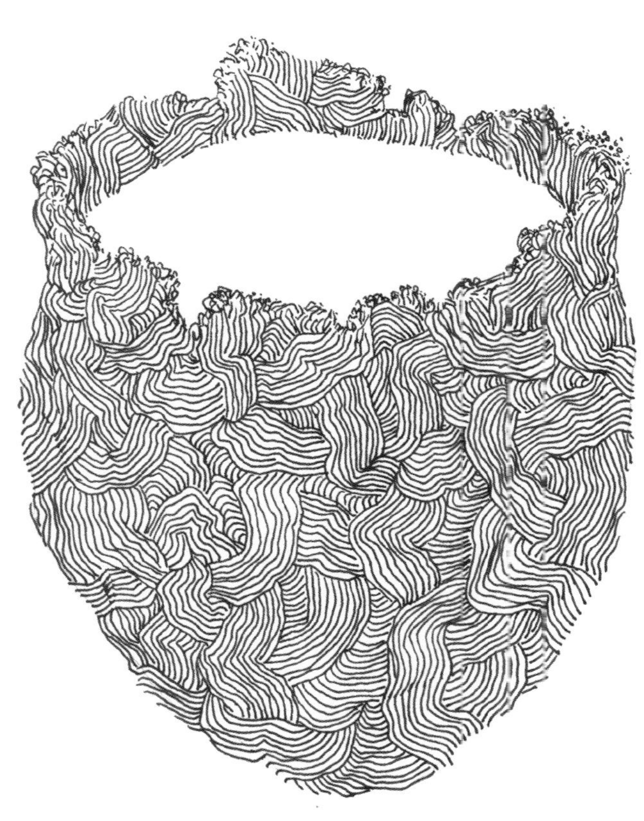

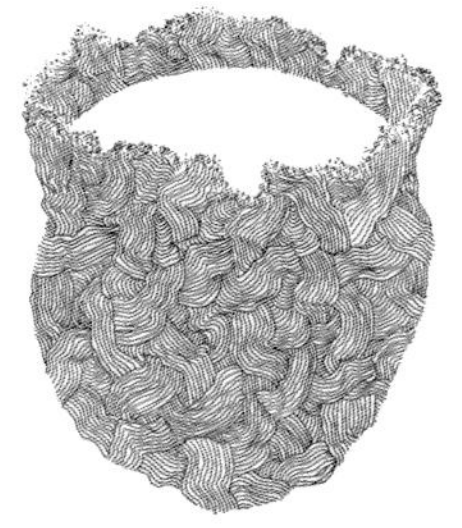
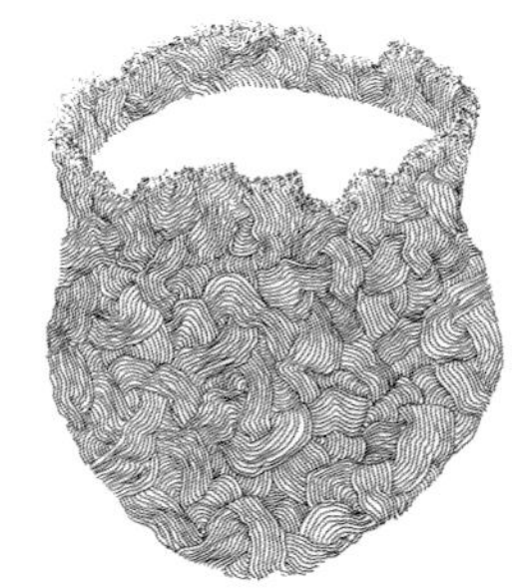
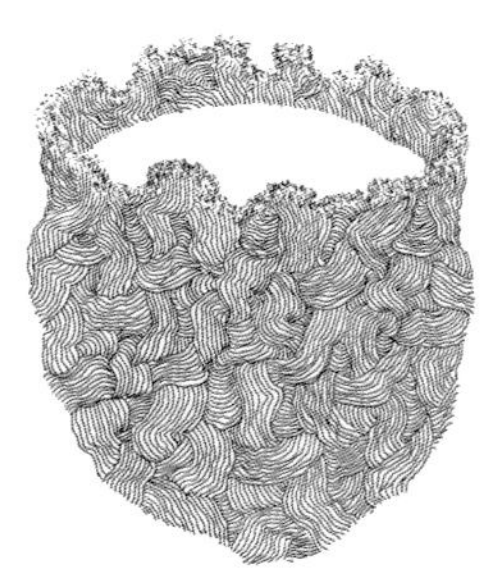
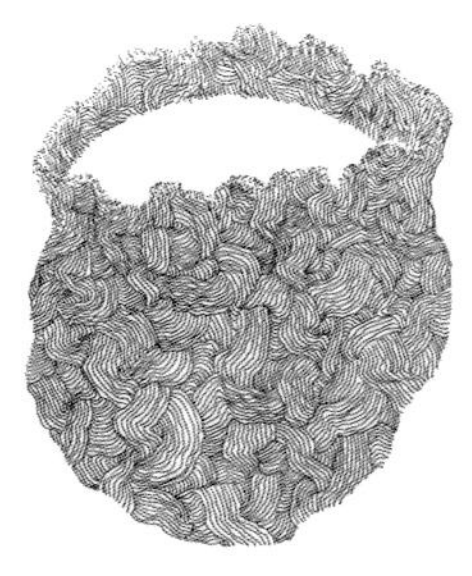
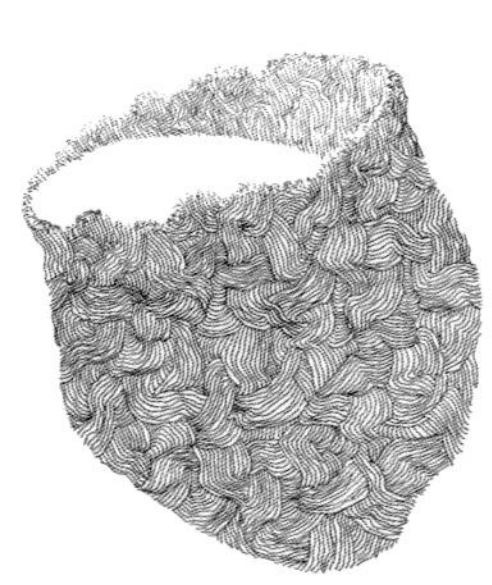
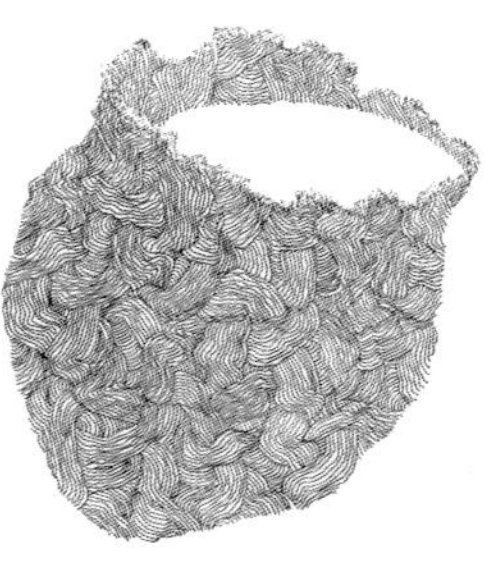
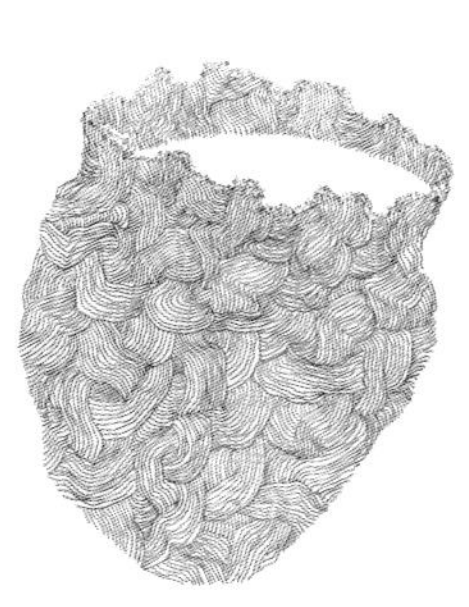
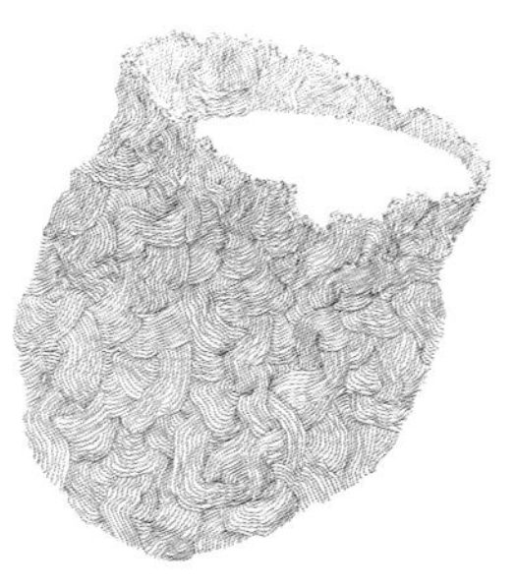
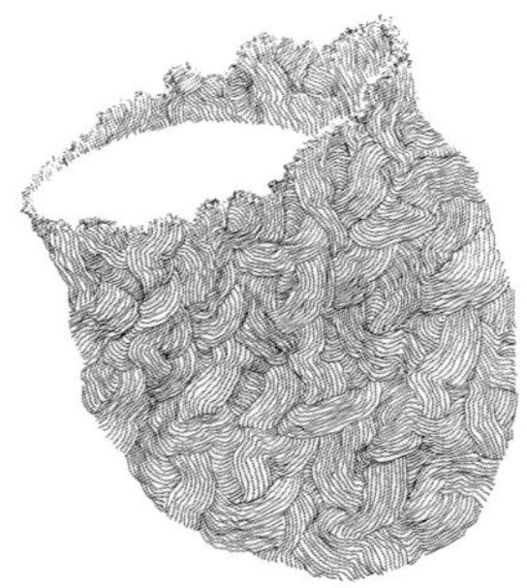

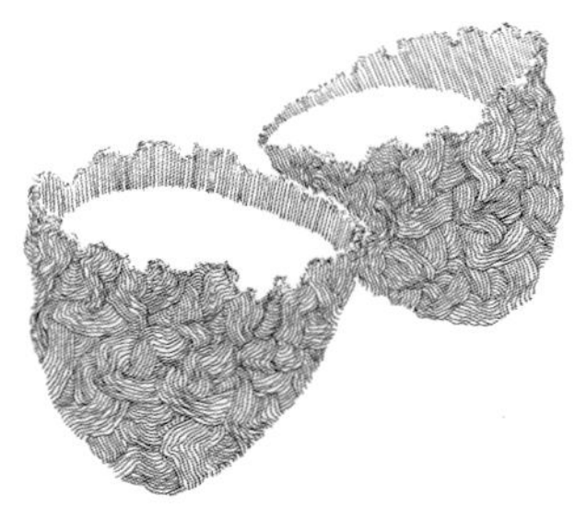
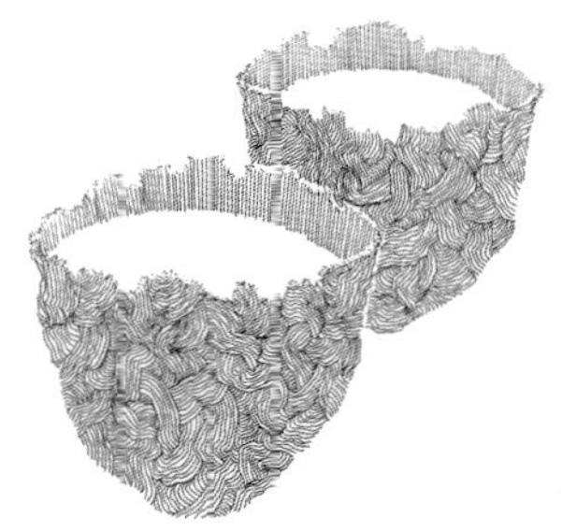
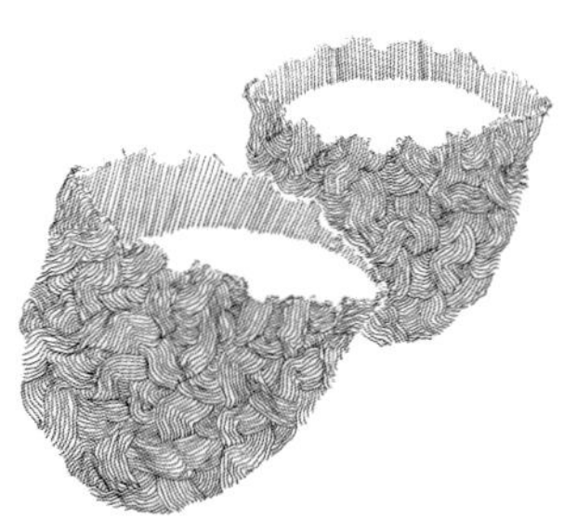
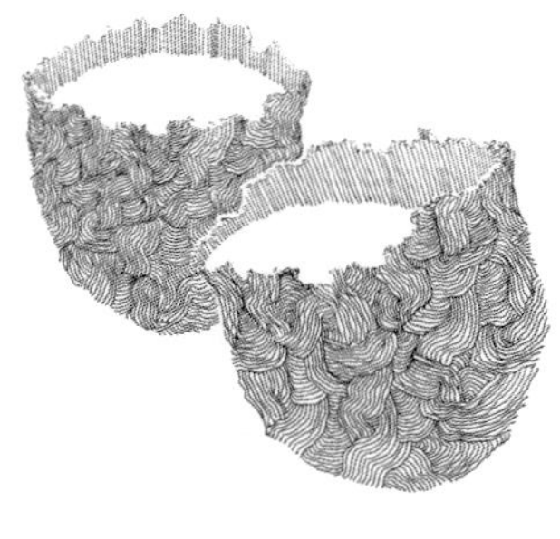
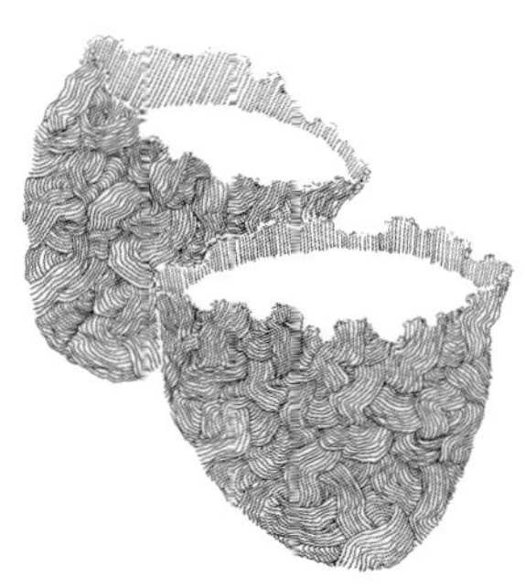
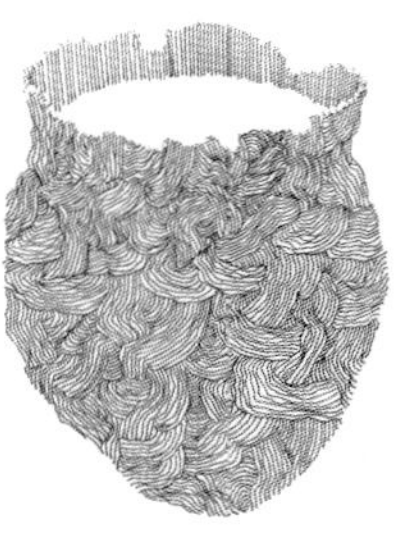
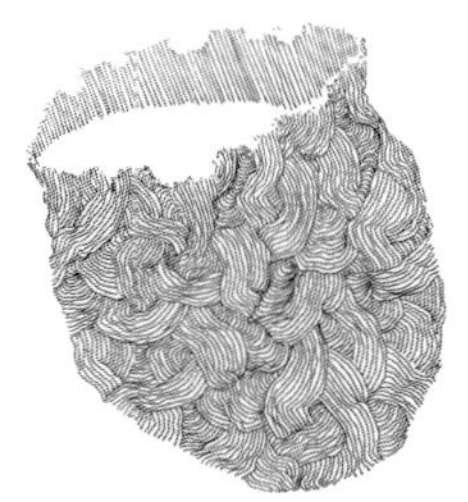
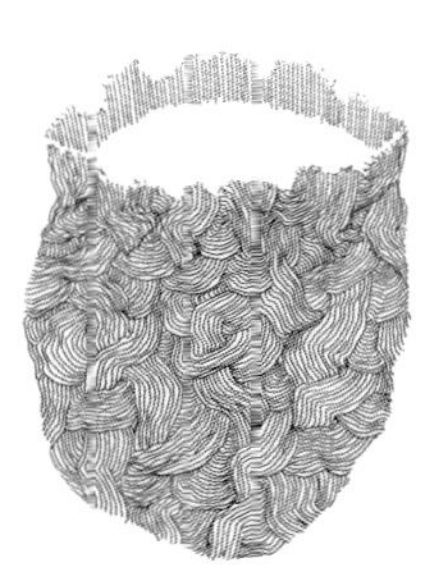
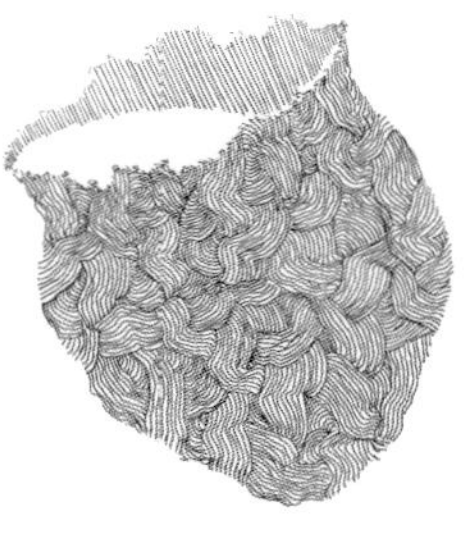

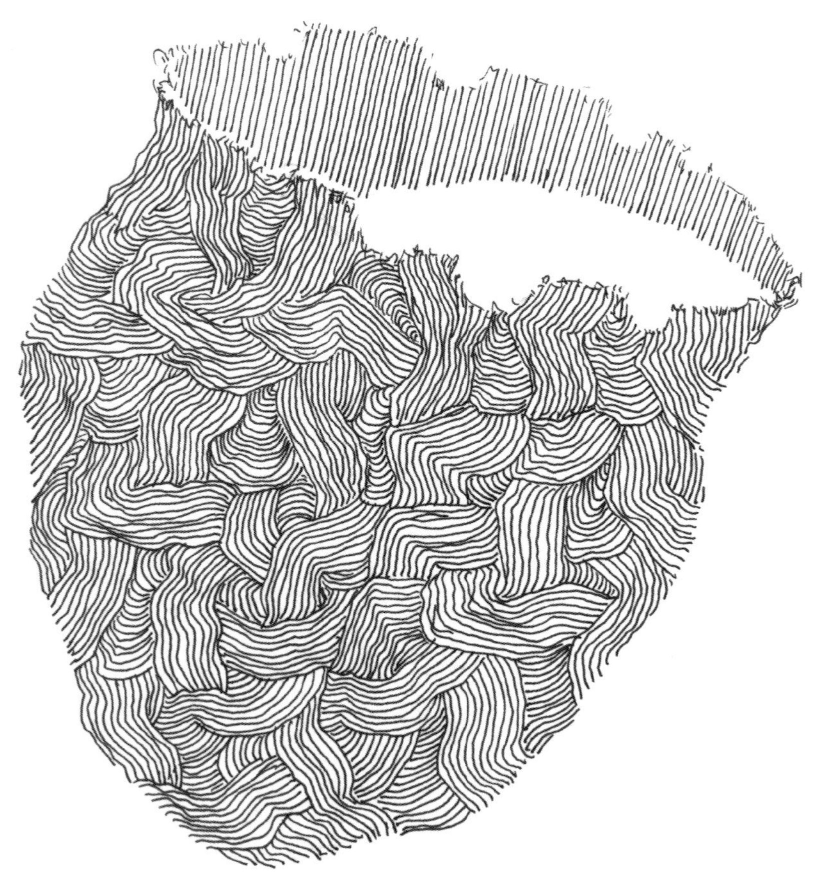

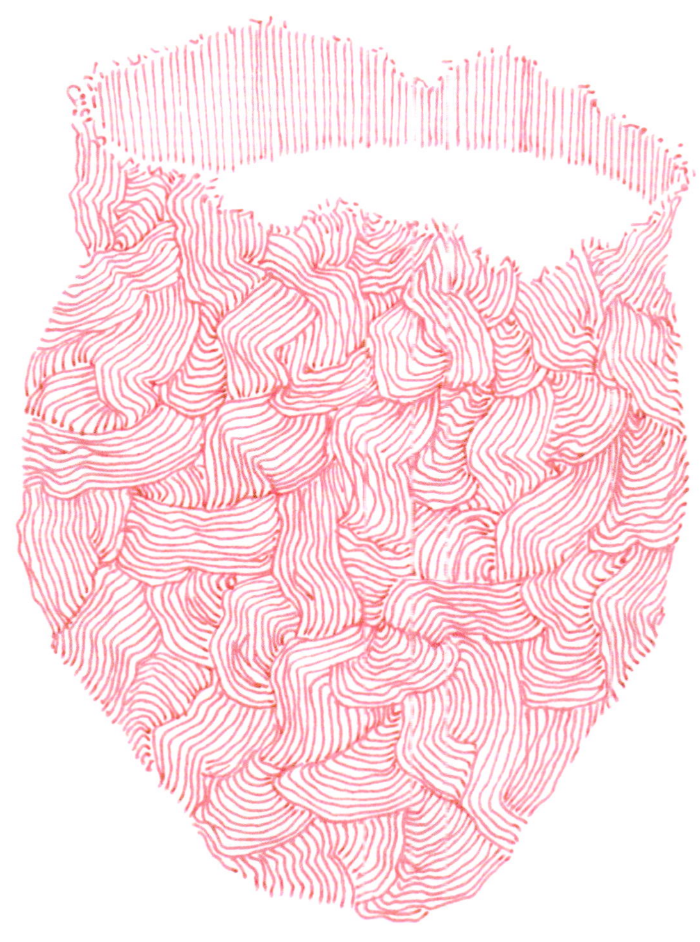

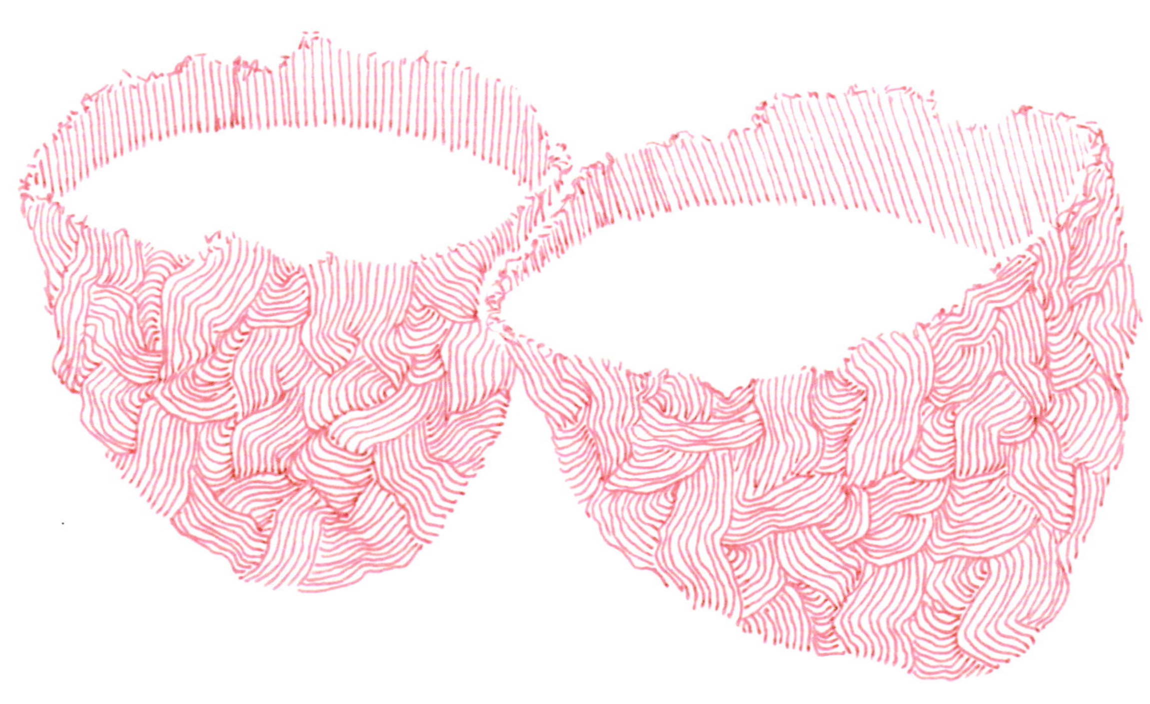

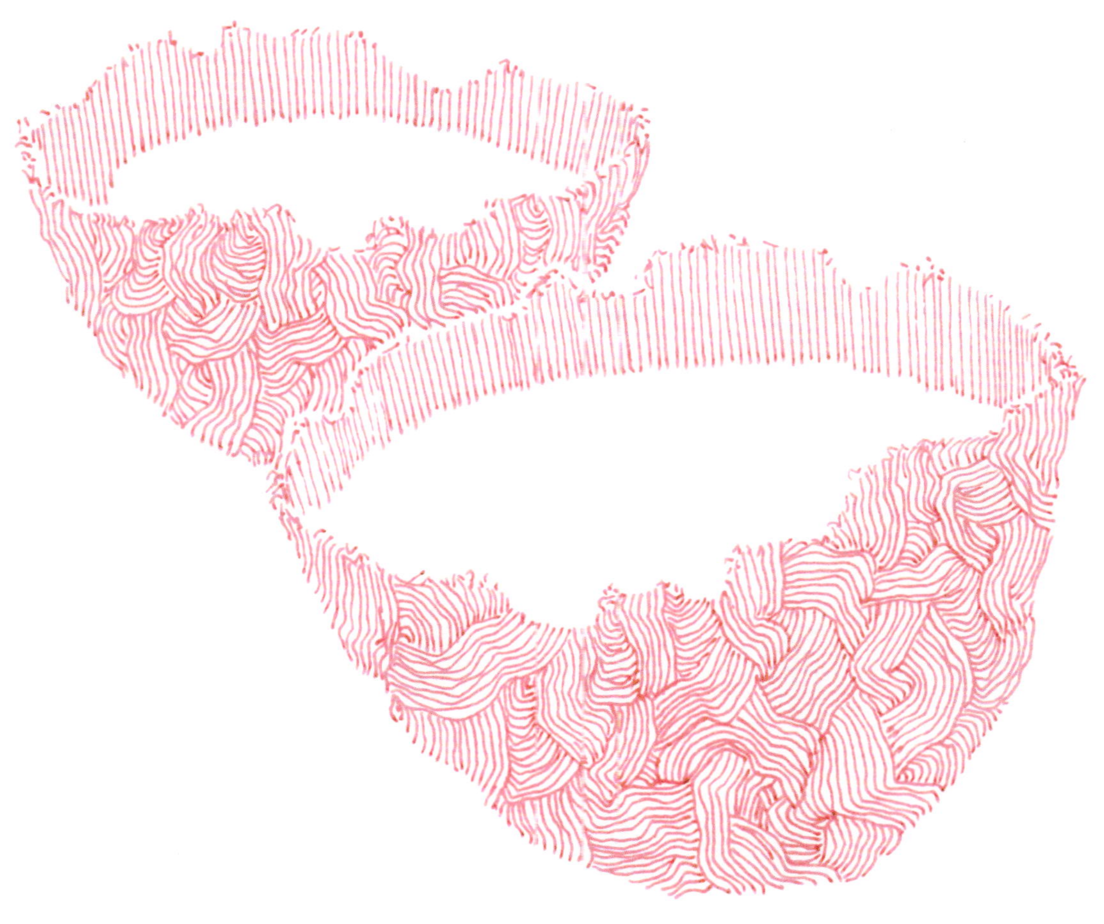

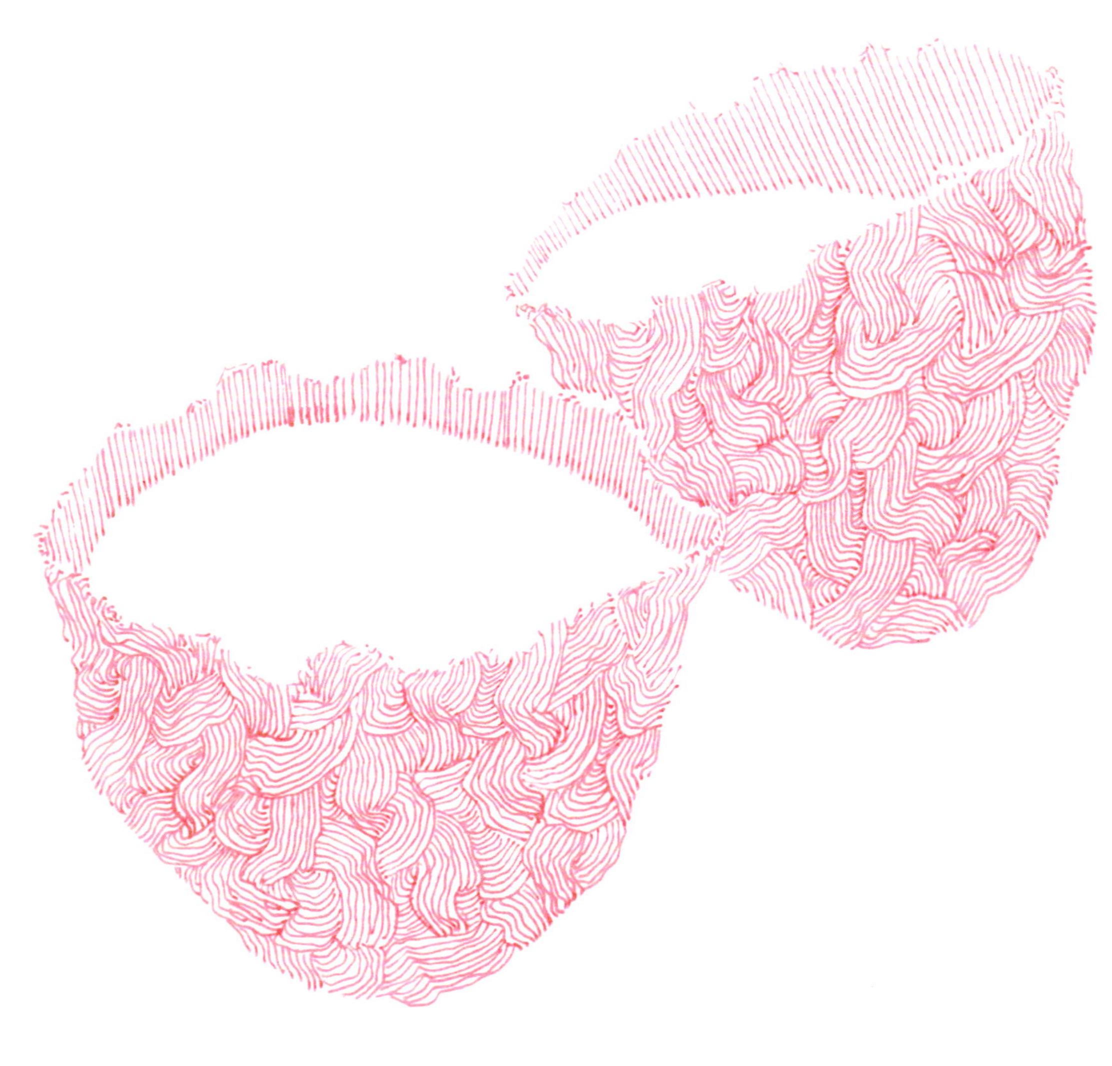

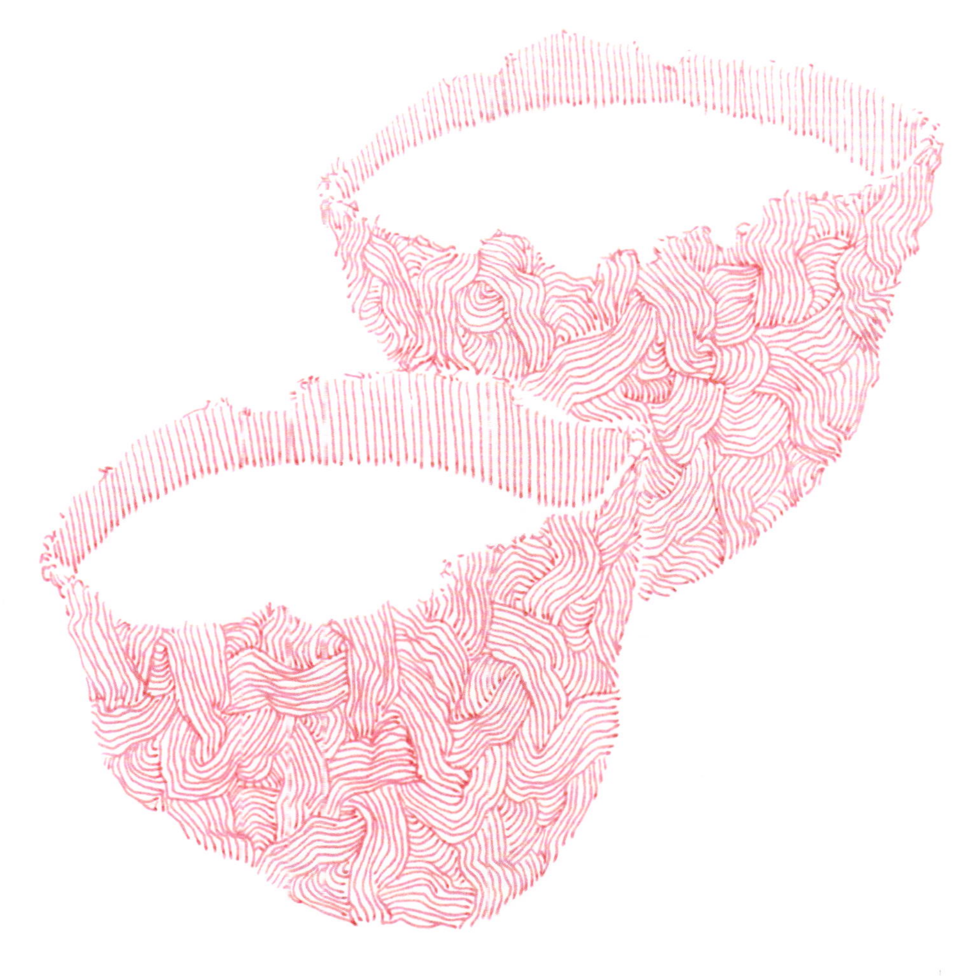

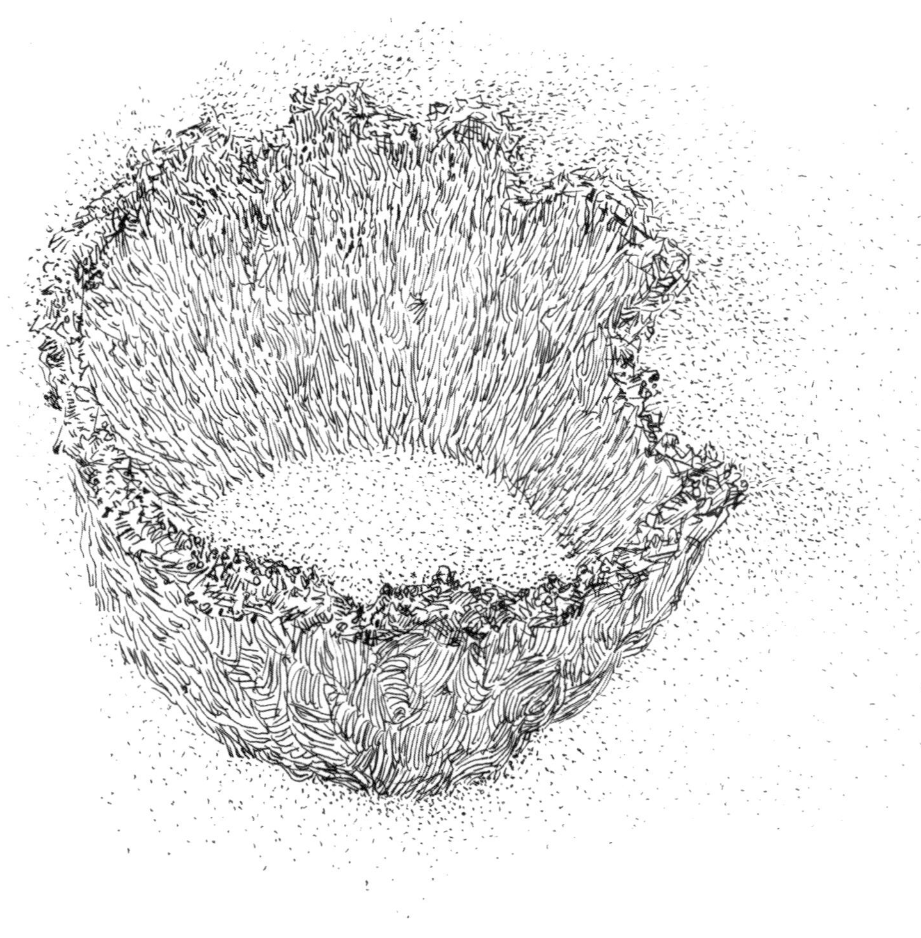

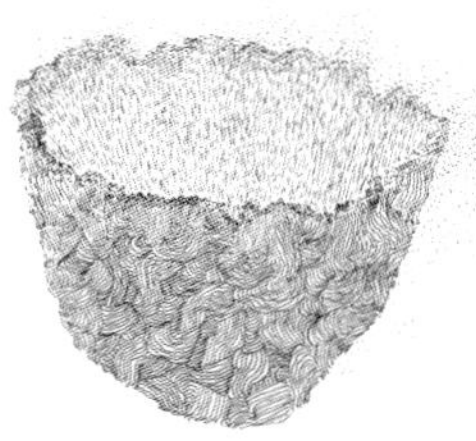
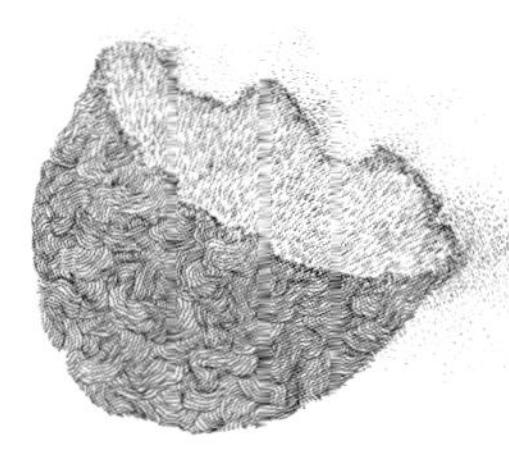
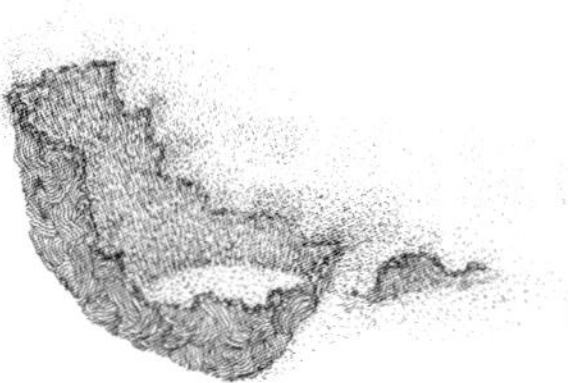
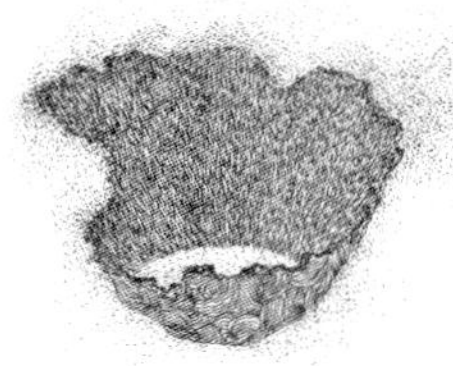
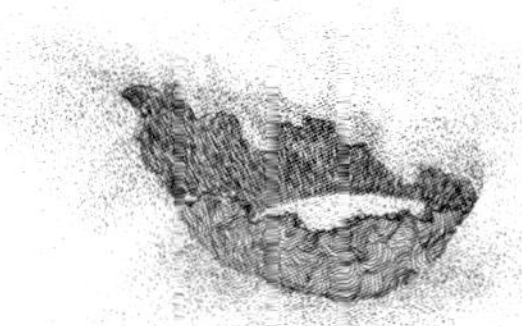
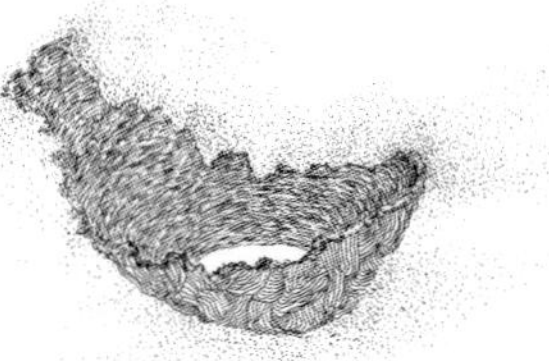
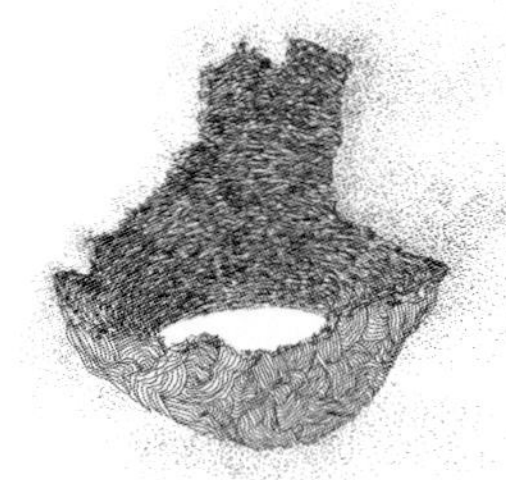
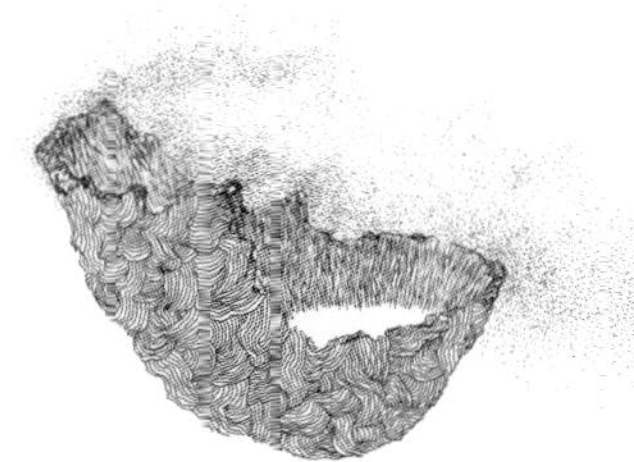
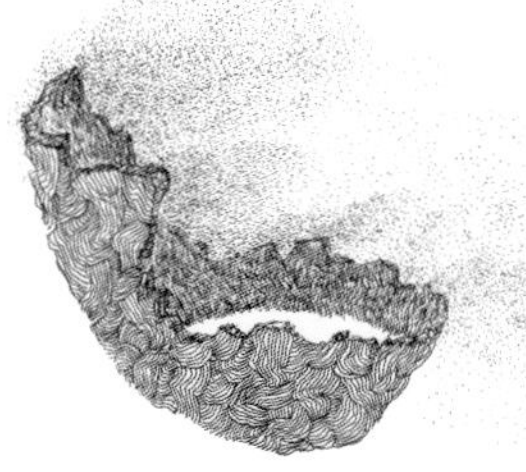

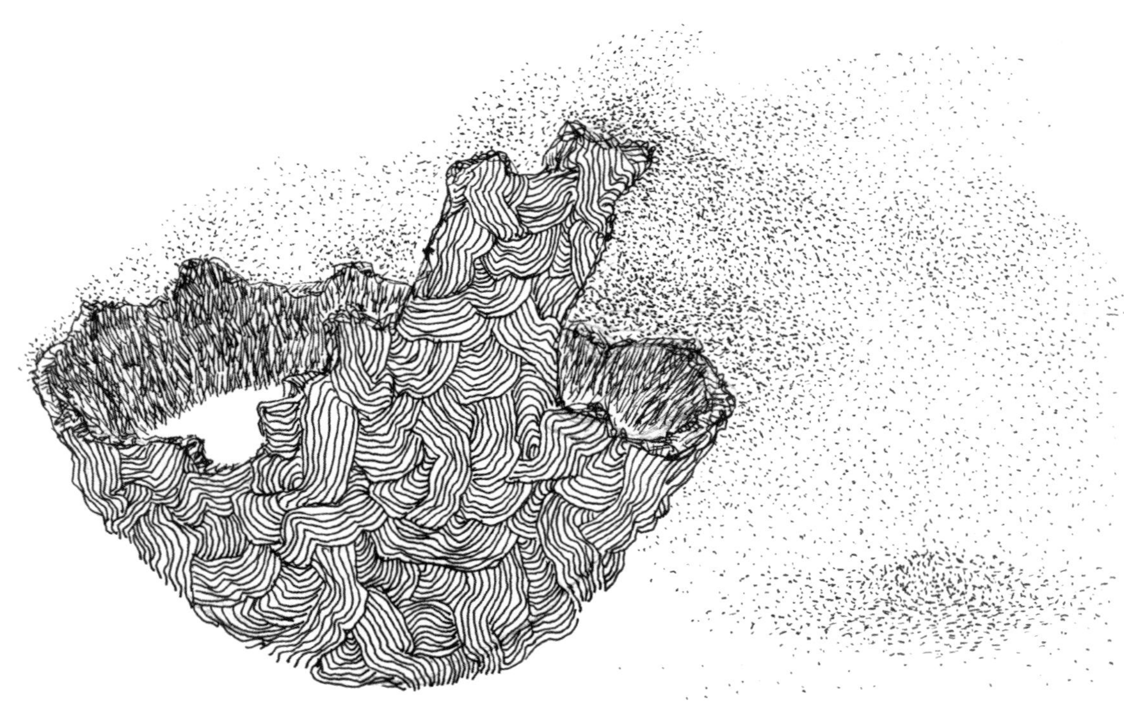

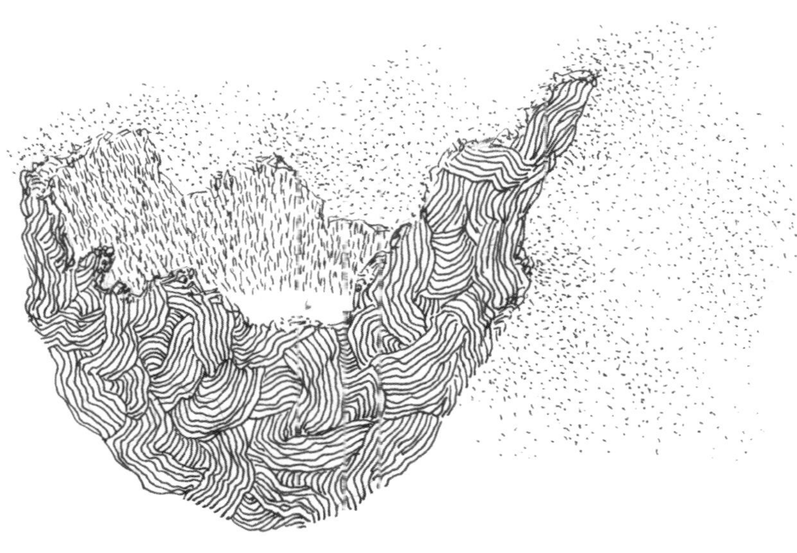

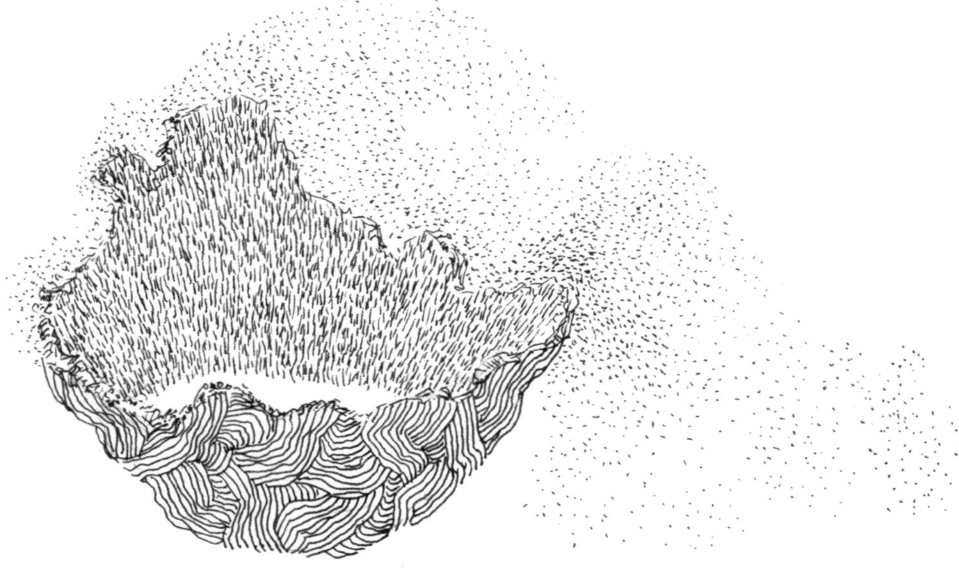

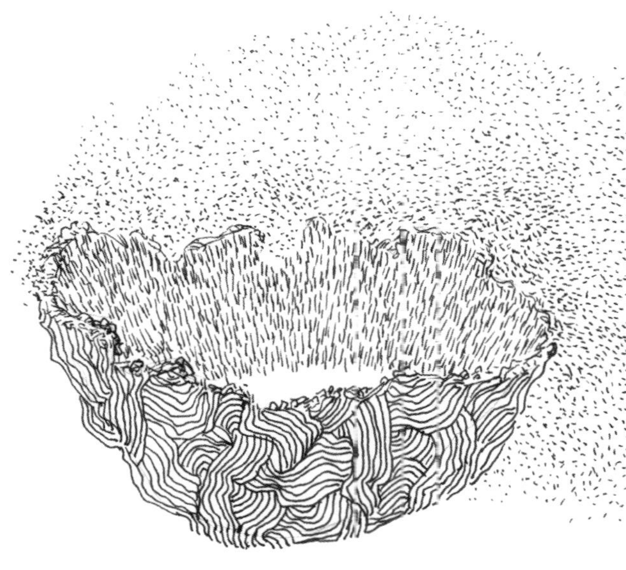

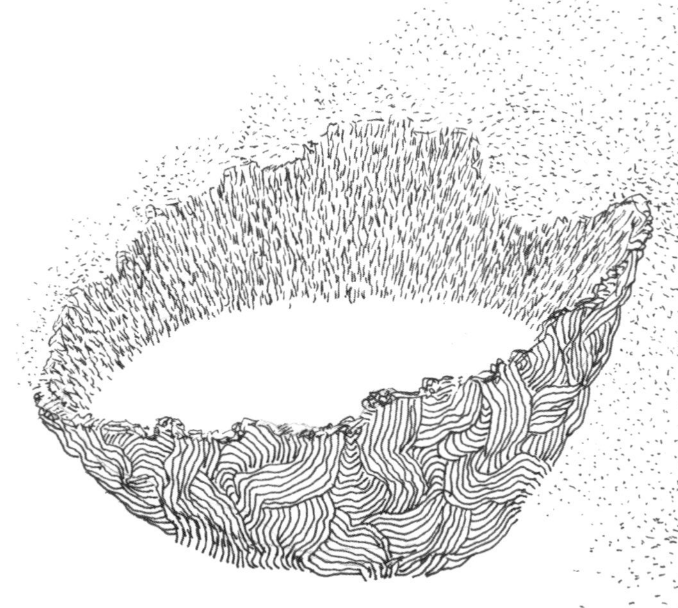

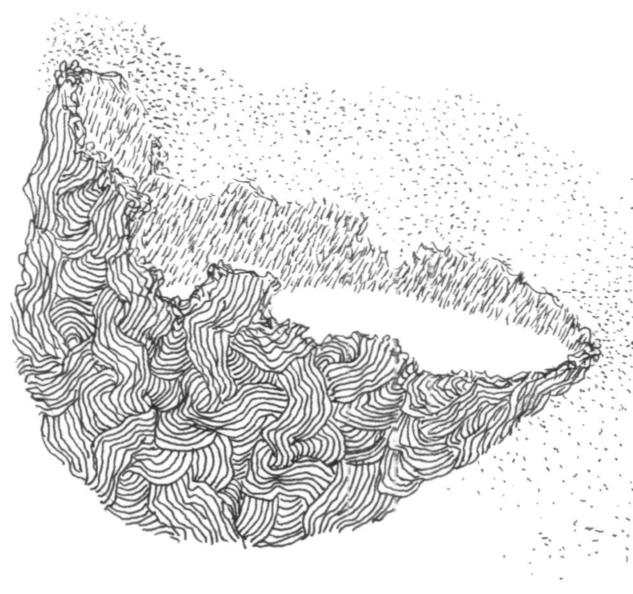

PETER KIM

Nato in Corea del Sud nel 1967.
Vive e lavora a New York, USA

Born in 1967 in South Korea.
Lives and works in New York, USA

Formazione / Education
2000
National Superior Diploma of Plastic Expression (DNSEP - Diplôme
national supérieur d'expression plastique), Marseille, France

1998
National Diploma of Plastic Arts (DNAP - Diplôme national d'arts
plastiques), Marseille, France

Selezione di mostre personali / Selected solo exhibitions
2016
Peter Kim Visual Mantra, Galleria San Ludovico, Parma, Italia /
Italy
Peter Kim: Afloat, Modern and Contemporary Art Museum of Nice,
Nice, Francia / France

2009
The Way We Should Go - Detail, CAIS Gallery, Hong Kong
Detail - Hankook Art Museum, Busan, Corea del Sud / South Korea

2006
(Un)threading Paths, Gallery Shin Choi, New York, USA

2004
Humanism and Mechanism, Kumho Art Gallery, Seoul, Corea del Sud /
South Korea
Humanism and Mechanism, Marine Gallery, Busan, Corea del Sud /
South Korea
Between Lines, Shinsegae Gallery, Gwangju, Corea del Sud / South Korea

2001
Between Lines, Kwanhoon Gallery, Seoul, Corea del Sud / South Korea
Lines and Face Drawing, Galerie Librarie Impressions, Paris, Francia / France
Lines and Collage Drawing, Galerie Comptoir du Marais, Paris, Francia /
France

2000
Repetition of Lines, Galerie Pascal Vanhoecke, Paris, Francia /
France

1999
Passage, Galerie Renoir, Nice, Francia / France

1996
Human Body Drawing, Bitgoeul Gallery, Gwangju, Corea del Sud /
South Korea

1995
Formative Characteristics of the Human Body, Mudeung Museum of Art,
Gwangju, Corea del Sud / South Korea

1994
Emotional Expression Using Sounds (ispirata al film / based on the
film *Seopyeonje*), Mudeung Museum of Art, Gwangju, Corea del Sud /
South Korea

1993
Sketches from Backpack Travel in Ten European Countries, Bitgoeul
Gallery, Gwangju, Corea del Sud / South Korea

1992
Experimental Artworks, Mudeung Museum of Art, Gwangju, Corea del
Sud / South Korea

Selezione di mostre collettive / Selected group exhibitions
2016
SAM, Artcade - Galerie des Grands Bains Douches de la Plaine,
Marseille, Francia / France

2015
Art for Alzheimer's, New York, USA

2009
1st Beijing 798 Biennale, Beijing, Cina / China

2008
Mediations Biennale, Poznan, Polonia / Poland
Garden of Delights, Yeosu International Art Festival, Yeosu, Corea del Sud / South Korea
Micro-Narratives, 87 Artists from 25 Countries, St. Etienne Museum, Francia / France

2007
Micro-Narratives, 48th October Salon, Belgrade, Serbia

2006
Sans Titre, Gallery Art'N Dream, Seoul, Corea del Sud / South Korea
The Third Sector – Citizen Program, the 6th Gwangju Biennale, Corea del Sud / South Korea
Pipe Lines, NARS Foundation Studio Space, New York, USA
Reflection Refraction, Two Times Thirteen Gallery, New York, USA

2005
759 Running Feet, Gwangju Museum Of Art, Gwangju, Corea del Sud / South Korea

2004
Chosun University Museum of Art, Gwangju, Corea del Sud / South Korea
A Letter from Angkor Wat Exhibition, Shinsegae Gallery, Seoul, Corea del Sud / South Korea, 2004

2003
The 6th Shinsegae Art Awardees Exhibition, Shinsegae Gallery, Gwangju, Corea del Sud / South Korea
There Is Art / But No Painting, Gallery Sang, Seoul, Corea del Sud / South Korea

2002
Korean / American Young Artist Exhibition, Young-Eun Museum, Gyeonggido, Corea del Sud / South Korea
Korean Contemporary Art Exhibition, Korean Embassy, Bruxelles / Brussels, Belgio / Belgium

2001
Humanisme, Strasbourg Culture Center, Strasbourg, Francia / France
The 1st Overseas Korean Young Artists Exhibition, Seoul Arts Center, Seoul, Corea del Sud / South Korea

2000
Virage Sud, Cachan Culture Center, Cachan, Francia / France
Marseille A Tours, Ecole Tours, Tours, Francia / France

1993
Ten South Korean and Japanese Print Artists, Kumho Museum of Art, Gwangju, Corea del Sud / South Korea
Cadaqués International Print Exhibition, Barcelona, Spagna / Spain
Print Exchange Exhibition, Gindensha Gallery, Chiba, Giappone / Japan
Daejeon Expo International Print Festival, Hanbat Museum, Daejeon, Corea del Sud / South Korea
South Korean and Japanese Artists Exchange Exhibition, Gallery Chiyoda, Giappone / Japan

1992
Cadaqués International Print Exhibition, Barcelona, Spagna / Spain
The Independents, National Museum of Modern and Contemporary Art, Gwacheon, Corea del Sud / South Korea

Collezioni pubbliche / Public Collection
MAMAC Nice (Modern and Contemporary Art Museum of Nice)
Gwangju Museum of Art
Kumho Culture Foundation
Hakwang Chamber of Commerce
Kumho Asian Group

In copertina / Cover

Untitled, 2007
particolare / detail

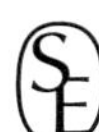

Silvana Editoriale

Direzione editoriale / Direction
Dario Cimorelli

Art Director
Giacomo Merli

Coordinamento editoriale / Editorial Coordinator
Sergio Di Stefano

Redazione / Copy Editor
Clelia Palmese

Impaginazione / Layout
Mirco Ameglio

Coordinamento di produzione / Production Coordinator
Antonio Micelli

Segreteria di redazione / Editorial Assistant
Ondina Granato

Ufficio iconografico / Photo Editor
Alessandra Olivari, Silvia Sala·

Ufficio stampa / Press Office
Lidia Masolini, press@silvanaeditoriale.it

Silvana Editoriale S.p.A.
via dei Lavoratori, 78
20092 Cinisello Balsamo, Milano
tel. 02 453 951 01 - fax 02 453 951 51
www.silvanaeditoriale.it

Le riproduzioni, la stampa e la rilegatura
sono state eseguite in Italia
Reproductions, printing and binding in Italy
Stampato da Grafiche Aurora, Verona
Finito di stampare nel mese di gennaio 2017
Printed by Grafiche Aurora, Verona
January 2017

ISBN 9788836636082
€ 32,00